LISA TENZIN-DOLMA

SINNLICHE MEDITATION

SINNLICHE MEDITATION

LISA TENZIN-DOLMA

Aus dem Englischen von Nina Kavelar

KAILASH

Die englische Originalausgabe erschien 2008 bei
Duncan Baird Publishers Ltd, London, UK.

1. Auflage
Deutsche Erstausgabe
© 2013 der deutschsprachigen Ausgabe Kailash Verlag
in der Verlagsgruppe Random House GmbH

Produktion der deutschen Übersetzung: Print Company Verlagsges.m.b.H., Wien
Covergestaltung: WEISS WERKSTATT MÜNCHEN

Printed in China

ISBN 978-3-424-63075-6

www.kailash-verlag.de

Anmerkung des Herausgebers: Die Informationen in diesem Buch sind kein Ersatz für ärztlichen Rat und medizinische Behandlung. Wenn Sie schwanger sind oder gesundheitliche Probleme haben, empfehlen wir Ihnen, ärztlichen Rat einzuholen, bevor Sie die in diesem Buch vorgeschlagenen Empfehlungen und Übungen umsetzen. Duncan Baird Publishers sowie jegliche andere an der Entstehung dieses Buchs beteiligte Personen übernehmen keine Haftung für Verletzungen oder Schäden, die als Folge der Vorschläge, Übungen oder therapeutischen Praktiken in diesem Buch entstanden sind.

Anmerkungen:
In diesem Buch verwendete Abkürzungen:
n. Chr. – nach Christus (unserer Zeitrechnung)
v. Chr. – vor Christus (vor unserer Zeitrechnung)
geb. – geboren, gest. – gestorben

Ich sah, dass alles, alle Wege, die ich ging, und alle Schritte, die ich tat, wieder zu einem Punkt zurückführen, nämlich zur Mitte. Es wurde immer deutlicher: Das Mandala ist das Zentrum. Es ist der Ausdruck für alle Wege zur Mitte, zur Individuation … Ich wusste, indem ich das Mandala als Symbol des Selbst erkannte, hatte ich für mich das höchste Ziel erreicht.

C. G. JUNG (1875-1961)

INHALT

DAS SELBST IN ZEITEN
DER BELASTUNG

DER WEG ZUR
GANZHEIT

BEIM BETRACHTEN EINES MANDALAS WIRD UNSER GEIST RUHIG WIE EIN

STILLER SEE. UND AUS DEN TIEFEN DIESER STILLE TAUCHEN EINSICHTEN

AUF, DIE ALS SCHLÜSSEL ZU DEN HEILENDEN KRÄFTEN IN UNSEREM

INNEREN DIENEN.

Ein Mandala ist ein symbolisches Bild oder Muster zur Meditation. Die Anordnung der verschiedenen Motive, Farben und Formen soll die Aufmerksamkeit nach
innen richten und inneren Frieden bringen. Die meisten Mandalas haben die Form
eines Kreises – ein Symbol für das Selbst, die Erde, die Sonne, den Kosmos oder
den Zustand der Ganzheit, nach dem man bei der Mandala-Meditation strebt. Der
Weg dorthin führt uns näher an die Vollkommenheit und macht uns unser wahres
Wesen bewusst, das genauso wie der Kreis des Mandalas grenzenlos und vollkommen ist. Dieses Gefühl der Einheit bringt Heilung.

Die Belastungen des modernen Alltags haben das Bedürfnis nach Heilung
immens verstärkt. Wir arbeiten länger, sind länger unterwegs und haben wenig

Links: Regentropfen kräuseln die stille Wasseroberfläche zu perfekten Kreisen: Ein Symbol der Natur, das die

Harmonie des Kosmos widerspiegelt.

Zeit für gesundes Essen, Bewegung und Entspannung. Stressbedingte Krankheiten sind auf dem Vormarsch. Wir setzen uns selbst unter großen Druck und zehren damit an unseren körperlichen, geistigen und emotionalen Ressourcen, was zu gesundheitlichen Beschwerden, Beziehungsproblemen oder mangelnder Erfüllung führen kann. Solche Symptome sind Hinweise, die wir ernst nehmen sollten.

Zum Glück haben Körper und Geist die Fähigkeit, sich selbst zu regenerieren. Wenn wir zu innerer Ruhe kommen, kann sich diese Fähigkeit entfalten. Probieren Sie es aus: Ballen Sie die Faust und spüren Sie, was geschieht. Vermutlich fühlen Sie sich angespannt und blockiert. Lösen Sie die Hand. Fühlen Sie sich offener, empfänglicher? Das gilt auch für Ihren Geist: Ist er gestresst und überladen, spannt sich Ihr Körper an. Ist der Geist ruhig, entspannt sich auch der Körper und lässt den inneren Heilungsprozessen freien Lauf.

Heilung beginnt auf tiefer, unbewusster Ebene. Sie kann plötzlich entstehen oder sich langsam entwickeln. Mit der Mandala-Meditation unterstützen Sie die Heilung in einem für Sie angenehmen Tempo. Nehmen Sie sich jeden Tag ein wenig Zeit für die Mandalas – zehn Minuten genügen für den Anfang – und verwandeln Sie Angst und Stress in Harmonie, Optimismus und Freiheit, indem Sie sich mit Ihren inneren Ressourcen verbinden und eine neue Sicht auf Ihr Leben erlangen.

ENERGIEHEILUNG

Um das Gleichgewicht in einem oft unausgeglichenen Leben wiederherzustellen, wenden sich viele von uns alternativen Therapien wie Homöopathie, Akupunktur, Reiki oder der Farbtherapie zu. Diese Therapien bedienen sich unterschiedlicher Methoden, beruhen aber alle auf dem Prinzip, dass in unserem Körper Energien am Werk sind. Ein Ungleichgewicht dieser Energien kann, wenn es unbehandelt bleibt, Krankheitssymptome hervorrufen. Durch subtile Eingriffe, deren Wirkweise wissenschaftlich nicht erklärbar ist, kann die Harmonie wiederhergestellt werden.

Bei der Homöopathie erhält unser Energiesystem „neue Schwingungen" über Tabletten oder Tinkturen, die winzigste Mengen eines Wirkstoffs enthalten, dessen Schwingungskraft durch schnelles Schütteln erhöht wurde. Bei der Akupunktur werden feine Nadeln in Energiepunkte am Körper gesteckt, um Blockaden unserer „Meridiane" – die Bahnen, auf denen die Energie fließt – aufzulösen. Beim Reiki lässt der Therapeut diese Energie durch seine Hände fließen.

Ein Nachweis, dass die Mandala-Meditation unsere Energiesysteme auf ähnliche Weise harmonisieren kann, würde den Rahmen dieses Buchs sprengen, obwohl viele daran glauben. Das Thema ist kontrovers: Auch wenn die Schulmedizin zunehmend durch alternative Therapien ergänzt wird, gibt es noch viele Zweifler.

Um den Nutzen der Mandala-Meditation zu erklären, muss man sich nicht in das New-Age-Territorium wagen. Der Einfluss des Geistes auf den Körper ist bekannt. Man denke nur an Placebos, die körperlichen Auswirkungen von Stress, die Überwindung von Ängsten durch den Verstand, und an die nachgewiesene Wirkung von Hypnose. Buddhisten ziehen manchmal den Vergleich mit Rost: Er entsteht aus Eisen, kann es jedoch zerstören. Auf ähnliche Weise kann eine negative Geisteshaltung die Zerstörungskraft einer Krankheit fördern. Umgekehrt können positive Gedanken einen Schutzwall vor vielen Leiden bilden. Meditation kann Spannungen lösen und den Geist stärken, damit die Immunabwehr des Körpers mit voller Kraft arbeiten kann.

DIE KRAFT DER MEDITATION

Es gibt viele Arten der Meditation: Die Konzentration auf den eigenen Atem oder das Starren in eine Kerzenflamme, bis man sich mit der Flamme eins fühlt. Bei einem Mantra wiederholt man Worte, die Körper und Geist positiv beeinflussen sollen. Bei der Mandala-Meditation ruht der Blick auf einem kreisförmigen Bild. Alle Arten haben dasselbe Ziel: die Grenzen zwischen dem Selbst und dem Objekt der Meditation aufzulösen; das Gefühl des Getrenntseins zu überwinden.

Jede Meditation fördert das körperliche, geistige und emotionale Wohlbefinden. Psychologisch gesehen sorgen Meditationen für den Abbau von Angst und Depressionen, ein besseres Gedächtnis und Selbstwertgefühl sowie mehr emotionale Stärke und Zufriedenheit. Auf Körperebene wurde in zahlreichen Studien die positive Wirkung der Meditation auf Blutdruck, Immunsystem und körperliche Entspannung nachgewiesen. Auf spiritueller Ebene schärft die Meditation die intuitive Wahrnehmung, öffnet den Zugang zu innerer Weisheit und innerem Mitgefühl und stellt eine Verbindung zum Göttlichen her.

Immer mehr Ärzte empfehlen Meditation, um den Heilungsprozess zu unterstützen und zu beschleunigen, besonders bei bestimmten Beschwerden, wie etwa Bluthochdruck. Meditation lässt sich gut mit herkömmlichen Therapien verbinden und hat keine unerwünschten Nebenwirkungen oder Gegenanzeigen.

MANDALA-MEDITATION IST FÜR JEDEN GEEIGNET

Mandalas sind besonders zugängliche Meditationswerkzeuge sowohl für Anfänger als auch für Fortgeschrittene. Man muss weder etwas lernen noch sich in Selbstdisziplin üben. Viele andere Meditationsarten erfordern Übung, um den Geist zu schulen, aber mit einem Mandala kann sich jeder einfach beschäftigen und bald positive Effekte spüren.

Mandalas sind so gestaltet, dass sie den Blick und die Aufmerksamkeit auf bestimmte Bereiche in ihnen lenken und von dort aus durch die anderen Elemente führen – ein Gefühl wie ein entspannter Spaziergang an einem sonnigen Tag. Bereits eine zehnminütige Mandala-Meditation übt eine positive Wirkung aus, die sich bei fünfzehn oder zwanzig Minuten pro Sitzung deutlich verstärkt. Sie werden bald bemerken, dass Sie entspannter und konzentrierter sind, und Ihre Gedanken und Reaktionen schärfer. In diesem Zustand der fundamentalen Ruhe erscheinen Ärgernisse und Enttäuschungen weniger bedeutsam und es wird Ihnen leichter fallen, gelassen zu bleiben.

Ein Meditationstagebuch kann hilfreich sein. Schreiben Sie alle auftauchenden Gedanken, Probleme und Einsichten hinein. Manchmal gehört zum Heilungsprozess auch das Erkennen von Mustern, die man zuvor vielleicht nicht sehen wollte. Einfache Erkenntnis kann Raum für Veränderung schaffen.

DIE ERSTE MANDALA-MEDITATION

Für diese Meditation dient eine Aufnahme der Erde aus dem Weltraum als Mandala. Setzen Sie sich an einem ungestörten Ort bequem auf ein Kissen oder einen Stuhl und halten Sie das Bild auf Augenhöhe, etwa eine Armlänge entfernt.

1 Atmen Sie dreimal ganz tief und langsam ein und aus. Atmen Sie dann während der restlichen Übung normal und gleichmäßig.

2 Lassen Sie Ihren Blick entspannt auf dem Bild ruhen. Starren Sie es nicht an und denken Sie nicht über die Kontinente oder Länder nach. Lassen Sie einfach das Bild und seine Muster in Ihr Bewusstsein sinken. Wiederholen Sie das.

3 Lassen Sie schließlich die Grenzen zwischen sich und dem Erdball verschwimmen. Betrachten Sie die Erde als etwas, das sich außerhalb Ihrer selbst und doch tief in Ihrem Geist befindet. Sie sind auch eine winzige Gestalt auf der Erdoberfläche – versinken Sie in diesem Gefühl der Verbundenheit.

4 Atmen Sie nach fünf oder zehn Minuten, oder wenn Sie bereit sind, dreimal tief und langsam ein und aus. Atmen Sie dann wieder normal. Schließen Sie kurz Ihre Augen, strecken und bewegen Sie Ihre Finger und Zehen. Spüren Sie ein paar Minuten lang die Entspannung und Ruhe. Schreiben Sie, wenn Sie möchten, Ihre Gedanken und Einsichten auf.

MEHR ALS NUR MEDITATION

Heilung ist auch ein Begriff für „Ganzwerdung" – ein Zustand innerer und äußerer Harmonie. Um Heilung zu erlangen, müssen wir Geist und Seele wieder ins Gleichgewicht bringen, was sich wiederum positiv auf den Körper auswirkt. Bei der Mandala-Meditation geht es jedoch um mehr: Sie macht uns vollkommener, indem sie die Verbindung zu unserem tiefsten Wesen stärkt.

Der Psychologe Carl Gustav Jung (1875–1961) sah die Mandalas als Schlüssel zur persönlichen Transformation, da sie einen „Archetypen der Ganzheit" darstellen. Ihre Symbolkraft lässt uns die Mannigfaltigkeit des Kosmos (den Makrokosmos) in jedem von uns (dem Mikrokosmos) erfassen, wenn auch unbewusst. Das Sinnieren über einem Mandala erweitert unsere Perspektive und zeigt uns, dass alles im Universum miteinander verbunden ist. Das gibt uns ein Gefühl der Vollständigkeit und eine tiefere Einsicht in unser geistiges Wesen. Wir befreien uns von Gedanken, die unser inneres Wachstum behindern. Wenn wir diese neue Sichtweise bewusst einsetzen, um in schweren Zeiten innere Harmonie zu pflegen, können wir den Belastungen des Alltags konstruktiver begegnen. Diese Art der Heilung wirkt in allen Lebensbereichen – von Beziehungen zu Partnern, Freunden und in der Familie bis hin zu unserem Beruf und unseren kreativen Tätigkeiten – und erzeugt Wohlbefinden in Körper, Geist und Seele.

MANDALAS IN VERSCHIEDENEN KULTUREN

Seit frühester Zeit, in verschiedenen Kulturen und Religionen, haben Menschen mit den vorhandenen Mitteln mandalaähnliche Formen geschaffen. Unsere Vorfahren haben Bilder an Höhlenwänden hinterlassen, Muster in Sand gezeichnet und Steine in mystischen Anordnungen platziert, wie in Stonehenge (England) oder Carnac (Frankreich). Was jedoch eher mit Meditation in Verbindung gebracht wird, sind die fernöstlichen Bilder, die mittlerweile auch in der westlichen Kultur bekannt sind. Das Gestalten von Mandalas ist eine lebendige Tradition. Die Bilder können auf dem Computer entstehen oder auf Papier, Seide, Leinwand oder Sand.

Mandalas wurden schon immer als ein Weg zur Erleuchtung gesehen – eine Methode, um unseren Geist mit der Lebensenergie des Universums zu verbinden und ihn dadurch zu befreien. Indische, tibetische und chinesische Mandalas zeigen traditionsgemäß kulturelle Symbole, manchmal Gottheiten, um das umfassende Wesen der Realität bildlich auszudrücken. Die tibetische Gottheit Kalachakra beispielsweise steht im Zentrum eines Mandalas, das als ihr heiliger Palast angesehen wird. Man verwendet es für tantrische Initiationsriten genauso wie zur Heilung. Das Zentrum, in dem die Gottheit sitzt, ist die Matrix: das „Alles", aus dem alles entsteht. Nach dem Ritual wird das Mandala aus buntem Edelsteinsand einfach weggefegt – um daran zu erinnern, dass alles vergänglich ist.

Große „Mandalas", die aus Steinen in der Landschaft gebildet wurden, erfüllen neben der geistigen Heilwirkung auf die Menschen in ihrer Nähe vielleicht auch noch einen globaleren Zweck. Wie riesige Akupunkturnadeln könnten sie den Energiefluss der Erde optimieren, da sie meist an energetischen Kraftorten entlang von Meridianen zu finden sind. Als Sternwarten haben sie auch eine Verbindung zum Universum; ihre Anordnung spiegelt die Bahnen von Himmelskörpern wider. Das Medizinrad der nordamerikanischen Ureinwohner ist ein Steinkreis mit Speichen aus kleineren Steinen, der ebenfalls auf Planetenkonstellationen hinweist. Die Sandmandalas der australischen Aborigines erinnern an die „Traumzeit" – die Schöpfungszeit, in der die Gesetze des Universums entstanden – und stärken die Verbindung der Menschen zum Land.

Die indische Lehre des Vastu richtet mithilfe eines riesigen Mandalas neue Gebäude und sogar geplante Städte auf die Kräfte der Erde und des Kosmos aus und kanalisiert so positive Energie und Heilung. Beim Volk der Dogon in Mali baut man Häuser in der Form eines kosmischen Mandalas: Die Behausungen werden paarweise errichtet und symbolisieren Himmel und Erde; in den Boden werden Spiralen gegraben, die den Energien der Erde folgen. Kleinere Mandalas für zuhause, wie die indianischen Traumfänger und Medizinschilder und die chinesischen Feng-Shui-Bilder, bringen Heil- und Schutzenergien ins eigene Heim.

Links: Ein indianisches Medizinrad in Arizona. Die Kreisformen und Strukturen der Medizinräder stellen Planetenkonstellationen dar und können, wie auch die Mandalas, zur Meditation dienen.

LANDKARTEN DES WOHLBEFINDENS

Man kann sich ein Mandala als Landkarte vorstellen, die uns an einen inneren Ort der Ruhe führt – was C. G. Jung als einen „sicheren Zufluchtsort der inneren Versöhnung und Ganzheit" bezeichnete. Am Weg dorthin entdecken wir die verschiedenen Aspekte unserer facettenreichen Psyche, die uns zuvor vielleicht noch verborgen waren. Wie ein Routenplan hat auch ein Mandala einen Anfangspunkt, an dem unsere Reise zur Ganzheit beginnt. Befreit von den Beschränkungen durch Raum und Zeit begeben wir uns auf unser inneres Abenteuer. Traditionsgemäß ist der Punkt in der Mitte des Kreises der Anfangspunkt, von dem das Auge nach außen reist. Bei manchen Mandalas beginnt man auch am äußeren Rand und bewegt sich nach innen. Den zentralen Schwerpunkt eines Mandalas nennt man „bindu" (Sanskrit für „Tropfen"). Es hilft, sich diesen Punkt als sicheren Ort der Stille vorzustellen, an dem man sein wahres Selbst wiederentdecken und sich den im Mandala enthaltenen Möglichkeiten öffnen kann. Ist man erst mit der Energie dieses Punktes verbunden, kann man sie an jedem anderen Punkt im Mandala spüren.

Vom „bindu" ausgehend öffnen sich die Wege des Mandalas wie die Blätter einer Rose und enthüllen die vielen Schichten der Realität. Jedes Motiv steht für einen anderen Aspekt der Psyche und auch für Aspekte des Kosmos. Das entspannte Betrachten der Motive, ob einzeln oder als Gesamtbild, führt Sie auf eine zweifache Reise: nach innen, in das Zentrum des Selbst, und hinaus in den Kosmos. Der entspannte Geisteszustand kann gesteigert werden, indem Sie Ihren Blick langsam über die Symbole des Mandalas schweifen lassen. Auch tief in Ihrem Inneren beginnt ein Erwachen, das Ihr ganzes Wesen erfüllt. Nun sind Sie bereit, die Gegensätze in Ihnen in Einklang zu bringen und den positiven Einfluss der heilenden Energien des Mandalas zuzulassen. Sinken Sie langsam tiefer in diese wortlose Erkenntnis und finden Sie Ihr wahres Selbst.

MANDALAS UND DAS GEHIRN

Die Symmetrien und Gegensätze der Mandala-Muster erzeugen eine hypnotische Wirkung, und können den Rhythmus Ihrer Gehirnströme verändern. Sie erleben dies jedoch nur als leichte Veränderung Ihrer Wahrnehmung und als ein Gefühl der Gelassenheit. Wie bei allen Meditationen durchläuft das Gehirn zuerst den Alpha-, dann den Theta-Zustand (siehe rechts), was erwiesenen Nutzen auf Körper und Geist hat, von ruhigerem Puls und leichterem Atmen bis hin zur Stärkung der Abwehrkräfte.

Frequenz der Betawellen (30–40 Hz) Entspricht einem wachen, konzentrierten Geisteszustand.

Frequenz der Alphawellen (7–12 Hz) Entspannung. Die bildliche Vorstellungskraft und die Kreativität werden angeregt.

Frequenz der Thetawellen (4–7 Hz) Hier befindet man sich am Rande des Bewusstseins. Intuition und Gedächtnis werden gestärkt, Einsicht und tiefgehende Heilung gefördert.

Frequenz der Deltawellen (0–4 Hz) Entspricht dem Zustand des Tiefschlafs.

SYMBOLE DES UNBEWUSSTEN

Die Psychologie C. G. Jungs beschreibt mehrere Bewusstseinsebenen. Neben dem Wachbewusstsein eines Menschen (Gedanken, Erinnerungen, Wahrnehmung), dem persönlichen Unbewussten (Träume und Vergessenes) und dem „kollektiven Bewusstsein" (die allen Menschen gemeinsamen Überzeugungen, Wahrnehmungen und Erfahrungen), gibt es noch das kollektive Unbewusste (eine geteilte, kulturübergreifende Sammlung von Archetypen oder universellen Bildern, denen symbolische Bedeutung innewohnt). Man glaubt, dass die Archetypen Teil des

GRUNDBAUSTEINE EINES MANDALAS

Die wichtigsten Elemente eines Mandalas sind so aufeinander abgestimmt, dass sie das Bewusstsein verändern und schließlich Geist und Körper in Einklang bringen können.

Bindu Der zentrale „Keim" des Mandalas ist konzentrierte Energie und der Ausgangspunkt für die Reise ins Innere. Man kann ihn auch als den bodenlosen Brunnen des Selbst ansehen.

Kreis Steht für Ganzheit und geistige Vollkommenheit, oder auch für den Zustand der Vollständigkeit, den die Meditation fördert.

Quadrat Symbolisiert die materielle Welt und die Himmelsrichtungen: Norden, Süden, Osten, Westen. Hier kann man sich bei der inneren Transformation erden.

Umfang Die Energie des Mandalas wird von diesem äußeren Rand umschlossen. Der Geist kann sich so in einem vertrauten Rahmen entfalten.

Rechts: Traditionelle tibetische Mandalas haben einen komplexen Aufbau mit reichhaltiger Symbolik und stellen den Palast der Götter dar. Seit über tausend Jahren werden in Asien Mandalas zur Meditation und Heilung eingesetzt.

„Selbst" sind, aber die meisten von uns sind sich nur wenigen bewusst – sie tauchen vielleicht im Traum oder in der Kunst auf. Für Meditierende von Bedeutung sind die Archetypen in Mandalas – wie bestimmte Gottheiten und Tiere.

Gemäß der Jung'schen Denkweise werden wir als Menschen vom Wunsch nach „Individuation", nach Ganzwerdung in uns selbst, angetrieben. Die Mandala-Meditation fördert die Individuation, da sie uns viele Aspekte unseres Selbst erforschen und begreifen lässt und ins Bewusstsein bringt – all die Elemente (auch die Archetypen des kollektiven Unbewussten), von denen wir nicht einmal wissen, dass sie in uns schlummern. Zwei Beispiele: Jung unterscheidet die Anima, das feminine Bild in der männlichen Psyche, und den Animus, das maskuline Bild in der weiblichen Psyche. Das Meditieren über Anima oder Animus in einem Mandala kann dabei helfen, sich auf das komplementäre Geschlecht in einem selbst einzustimmen, wie auch auf dessen Eigenschaften Mitgefühl und Intuition (Anima) und Tatendrang und Entschlossenheit (Animus).

Die Mandala-Meditation bringt jedem Meditierenden individuelle Einsichten. Sie reflektieren die Entdeckungen, die man im Laufe eines bereichernden inneren Abenteuers gemacht hat.

Es kann hilfreich sein, sich die Bilder eines Mandalas wie Traumbilder vorzustellen. Wenn wir träumen, reisen wir nicht nur in das persönliche, sondern auch in das kollektive Unbewusste. Darum scheinen Traumsymbole oft eine universelle Bedeutung zu haben. Im Traum, wie auch in der Meditation, befinden wir uns im Reich der Intuition, nicht in jenem des Verstandes. Unsere Reaktionen auf die Bilder werden nicht vom Verstand gelenkt. Auch wenn wir das Erlebte später mit dem Verstand deuten, zählt doch nur unsere direkte Reaktion auf die Macht der Symbole – eine Reaktion, die sich in unserem Unterbewusstsein abspielt. Und über diese tiefsten Ebenen unseres Seins wirken die heilenden Energien der Mandalas.

Die Motive der Mandalas in diesem Buch wurden eigens ausgewählt, um über unsere intuitive Reaktion auf Symbole verschiedene Arten der Heilung zu fördern. Jedes Mandala wurde sorgfältig entworfen, um bestimmte Wirkungen zu erzielen – wie Angstlösung, geistige Entspannung, Kräftigung des Selbstbewusstseins, das Heilen oder Stärken von Beziehungen oder das Bewältigen von Problemen.

DIE MACHT DER AUFMERKSAMKEIT

Wenn man Eisenspäne auf ein Blatt Papier streut, fallen sie zufällig, vielleicht in verschieden große Häufchen. Berührt man das Papier von unten mit einem Magneten, ordnen sich die Späne in einem Muster um die magnetischen Pole an. Das ist die Kraft der magnetischen Anziehung und ein hilfreiches Beispiel, um einige unserer geistigen Kräfte zu verstehen.

Unsere Gedanken sind meistens unberechenbar; abhängig von unserer Stimmung, von dem was uns im tiefsten Inneren beschäftigt, und von verschiedenen äußeren Reizen, denen wir ausgesetzt sind. Normalerweise sind unsere Gedanken rege und unbändig, wenn sie nicht bewusster Aufmerksamkeit ausgesetzt sind – wie zum Beispiel beim Konzentrieren auf eine bestimmte Aufgabe. Dann jedoch sammeln sich die gedanklichen Späne um die Pole der Absicht und um die mentale Vorbereitung auf diese Absicht. Statt Chaos herrscht dann Ordnung.

Es ist interessant zu beobachten, was geschieht, wenn wir unseren Gedanken Raum geben und aus diesem Raum alles Negative verbannen wollen. Ängste und negative Gedanken füllen auf ihre typische, willkürliche Art unweigerlich diesen Raum. Aber wir können uns dazu entschließen, diese Gedanken vorbeiziehen zu lassen. Sie bleiben nur, wenn wir es erlauben. Positive Gedanken hingegen sollen gefördert werden: Wenn wir sie zulassen, profitieren wir von ihrem Einfluss. Dieser „Raum" könnte nun einfach das Umfeld unseres Bewusstseins sein – der Geist selbst. Oder auch das Mandala, über dem man meditiert.

Mit dem Mandala erschaffen wir ein Becken, in dessen Tiefen nur positive Gedanken schwimmen dürfen. Es ist nicht die Konzentration auf eine Aufgabe, die dabei ausschlaggebend ist; der Prozess ist nicht so restriktiv. Vielmehr haben wir einen Filter geschaffen, der nur positive Gedanken durchlässt und negative igno-

ÜBUNG ZUR HEILENERGIE

In dieser Übung verwenden wir wieder das Bild der Erde auf Seite 15. Weiten Sie dieses Mal Ihre Gedanken beim Betrachten des Bildes über das Mandala aus, bis Sie sich vorstellen, wie Sie heilende Energie aus dem Universum aufnehmen. Nachdem Sie Ihre Reserven mit Heilenergie aufgefüllt haben, versuchen Sie, die Energie in eine positive Richtung zu lenken. Sitzen Sie dazu bequem auf dem Boden oder einem Stuhl. Halten Sie das Bild auf Armlänge vor sich.

1 Lassen Sie Ihren Blick zwei bis drei Minuten lang auf dem Bild der Erde ruhen. Lassen Sie Ihre Augen unfokussiert und analysieren Sie das Bild nicht. Nehmen Sie stattdessen seine Muster in Ihr Bewusstsein auf.

2 Richten Sie Ihre Aufmerksamkeit nach innen. Stellen Sie sich vor, die Erde zu sein. Fühlen Sie sich mächtig, schön und vollkommen. Denken Sie daran, dass Sie von Natur aus komplett und ausgeglichen sind. Halten Sie daran fest und sinnieren Sie über den Zweck Ihres Seins.

3 Lassen Sie nach einigen Minuten Ihre Aufmerksamkeit treiben. Stellen Sie sich vor, durch den Weltraum zu schweben. Betrachten Sie die Erde erneut. Würdigen Sie aus der Ferne ihre besondere Form und leuchtende Schönheit. Sagen Sie zu sich selbst, dass Sie größer sind als die Erde. Fühlen Sie sich als Teil des Universums und schwelgen Sie einige Zeit in dieser Empfindung. Atmen Sie dabei gleichmäßig.

4 Sie sind Teil des Kosmos und haben Zugang zu seinen unbegrenzten Ressourcen. Nehmen Sie mit jedem Atemzug Heilenergie aus dem Universum auf. Lenken Sie diese Energie nach einer Weile dorthin in Ihren Körper oder Ihr Leben, wo Sie gebraucht wird.

5 Wenn Sie fertig sind, atmen Sie dreimal tief ein und aus, dann wieder normal. Schließen Sie die Augen und bleiben Sie fünf Minuten lang still sitzen. Öffnen Sie Ihre Augen, wackeln Sie mit Fingern und Zehen, strecken Sie sich und blicken Sie sich um. Schreiben Sie Ihre Eindrücke auf, wenn Sie möchten.

riert. Mittlerweile wissen Sie, dass positive Gedanken aus den Energien der Symbole eines Mandalas entstehen. Wir öffnen uns der Wirkung des Mandalas und verweilen mit unserer Aufmerksamkeit auf seinen Formen und Bildern.

MANDALAS UND MEDITATION

An dieser Stelle ist es vielleicht sinnvoll, zu wiederholen, was ein Mandala ist, und noch ein wenig mehr zu seiner Anwendung bei der Meditation zu sagen. Im Wesentlichen ist ein Mandala ein heiliges Bild, das unsere Aufmerksamkeit beim Betrachten nach innen richtet und uns die intuitive Aufnahme seiner symbolischen Bedeutung in unseren Geist ermöglicht. Eine Mandala-Meditation ist wie eine Reise in unser inneres Zentrum der Weisheit, das im Einklang mit dem Universum steht. Dabei sind Körper und Geist entspannt, ohne an Wachsamkeit einzubüßen.

Zu Beginn möchten Sie sich vielleicht auf einzelne Aspekte und Symbole des Mandalas konzentrieren und bekannte Assoziationen erkennen – zum Beispiel steht der Lotus für Reinheit, die Taube für Hoffnung und Glaube, der Phönix für Wiedergeburt. Zu den heilenden Mandalas in diesem Buch finden Sie Informationen zu ihrer Symbolik als Vorbereitung auf die Meditation, um Sie mit den Absichten hinter den Bildern vertraut zu machen. Bei der Meditation selbst sollten Sie jedoch das Gelernte wieder aus Ihren bewussten Gedanken verdrängen. Ziel dieser fortgeschrittenen Art der Meditation ist es, das Mandala einfach auf sich wirken zu lassen, ohne es deuten zu wollen. Lassen Sie das logische Denken ruhen und verlassen Sie sich auf Ihre Intuition. Natürlich werden Sie von Ihrem neu gelesenen und bereits bestehenden Wissen über die Symbole beeinflusst, genauso wie von den unterbewussten Assoziationen, die die Archetypen in uns erwecken. Diese Vorkonditionierung bereichert die meditative Erfahrung sogar. Aber rufen Sie während der Meditation dieses Wissen nicht bewusst auf, sondern überlassen Sie Ihrer Intuition die Führung.

Machen Sie sich keine Gedanken, wenn Sie während des Meditierens mit Mandalas unsicher sind, ob Sie die einzelnen Symbole oder das gesamte Bild betrachten sollen, denn das ist unwesentlich. Es ist allerdings hilfreich, für eine Weile das ganze Bild auf sich wirken zu lassen. Dabei können Sie sich ohnehin nicht auf alle Details innerhalb des Mandalas konzentrieren und müssen diese „loslassen". Seien Sie nicht beunruhigt, wenn Ihre Augen zu den Details wandern: Lassen Sie dann einfach wieder los und betrachten Sie das Bild als Ganzes. Das funktioniert gut, wenn Sie zu Beginn die allgemeinen Formen des Mandalas erfassen. Am wichtigsten ist jedoch, in entspannter Aufmerksamkeit alles einfach geschehen zu lassen. Es gibt keine Vorschriften, die Ihnen sagen, was Sie dabei denken sollen.

HEILUNG DURCH FEINSTOFFLICHE ENERGIE

Um die positive Wirkweise der Mandalas noch besser verstehen zu können, sollte man sich mit dem Kraftfeld der feinstofflichen Energie, der sogenannten Aura, auseinandersetzen. Man sagt, die Aura umgibt alle Lebewesen. Manche Heiler sehen diesen immateriellen „Körper" aus Energie als ineinanderfließende, sanft leuchtende Farben, die den Körper umschließen und Auskunft über Gesundheit, Gefühle oder die geistige Entwicklung geben. Man sagt, das Aurafeld um kranke

ZUSTÄNDIGKEITSBEREICHE DER CHAKREN

Jedes dieser feinstofflichen Energiezentren ist mit einem Teil des Körpers verbunden und lenkt emotionale, geistige und spirituelle Reaktionen.

Wurzelchakra Befindet sich am unteren Ende der Wirbelsäule, am Perineum, und wird mit Überleben, Sicherheit und Instinkt verbunden.

Sakralchakra Liegt direkt über dem Schambein und ist für Sexualität und Kreativität zuständig.

Solarplexuschakra Liegt genau über dem Nabel und steuert Energie, Tatendrang und Motivation.

Herzchakra Liegt in der Mitte der Brust, auf Herzhöhe, und ist für liebevolle Gefühle verantwortlich.

Halschakra Befindet sich im Bereich der Kuhle unten am Hals und wird mit Kommunikation und gesundem Selbstbewusstsein verbunden.

Stirnchakra Befindet sich in der Mitte der Stirn und gilt als das geistige Auge, das für Intuition und visionäre Kraft sorgt.

Kronenchakra Dieses höchste Chakra liegt am Scheitel und ist für das Bewusstsein und für spirituelle Einsicht zuständig.

Bereiche ist gestört oder unterbrochen, und die Intensität der Farben ist vom jeweiligen Gefühlszustand abhängig. Die tiefe Atmung bei der Mandala-Meditation soll die Aura stärken, damit ihre Farben kräftiger erscheinen – ein Zeichen von Gesundheit.

Innerhalb des Energiefelds der Aura liegen die sieben wichtigsten Chakren (siehe Kasten gegenüber), Zentren aus feinstofflicher Energie. Sie werden als Räder visualisiert, die Lebenskraft aufnehmen und in verschiedene Bereiche des Körpers, der Gefühlsebene und des Geistes verteilen. Jedes Chakra steuert eine Reihe von körperlichen, mentalen und emotionalen Prozessen, die immer vergeistigter werden, je höher sich das jeweilige Chakra befindet: Zum Beispiel wird unser Überlebensinstinkt vom Wurzel- oder Basischakra im Bereich des Perineums gelenkt, während spirituelle Einsicht im höchsten Chakra, am Scheitel, entsteht.

Da auch die Farben, Formen und viele der archetypischen Bilder der Mandalas den Chakren zugeordnet sind, fühlen Sie sich vielleicht zu einem bestimmten Mandala hingezogen, weil Sie im Bereich eines bestimmten Chakras einen (meist unbewussten) Bedarf an Heilung haben. Das Betrachten des Mandalas regt das Chakra dazu an, den Energiefluss zu den entsprechenden körperlichen, emotionalen oder geistigen Bereichen zu regulieren und so Ihren Gesundheitszustand und Ihr Problemlösungspotenzial zu verbessern.

DIE MACHT DER FARBEN

Farben beeinflussen unsere Gefühle und Stimmungen. Die Assoziationen sind hierbei nicht unbedingt allgemeingültig, da manche von ihnen kulturell bedingt sind: In manchen Ländern ist die Farbe der Trauer zum Beispiel weiß und nicht schwarz. Dennoch gibt es viele allgemeine Übereinstimmungen. Durch die Auswahl einer bestimmten Farbe, ob in unserer Kleidung oder Umgebung, können wir dazu beitragen, schlechte Laune oder unseren Energiezustand zu heben. Untersuchungen haben ergeben, dass die richtige Farbe sogar die Immunabwehr stärken oder die Genesung nach einer Operation beschleunigen kann.

Die Farbe ist eines der auffälligsten Elemente, die uns zu einem bestimmten Mandala ziehen. Indem man sich während der Meditation auf die Farben im Mandala konzentriert, öffnet man sich ihren positiven Energien. Dahinter stehen die unterschiedlichen Wellenlängen des Lichts, die man als Farben sieht. Die Wellen werden immer kürzer, wenn sich die sieben Farben des Regenbogens in einem durchgängigen Spektrum von Rot über Orange, Gelb, Grün, Blau und Indigo zu Violett verwandeln. Energieheiler sagen, dass jede Schwingung die Aura beeinflusst, indem sie die Chakren mit den zugehörigen Farben in Einklang bringt (siehe Kasten gegenüber). Vielleicht fühlen Sie sich von jenen Farben in einem Mandala angezogen, deren Bereiche in Ihrem Körper oder Ihrer Psyche Heilung bedürfen.

DIE SYMBOLIK DER FARBEN

Die folgenden Farben haben neben ihrer traditionellen Symbolik ein bestimmtes Energieprofil und sind mit einem Chakra verbunden.

Rot Rot ist die Farbe des Blutes, belebend und wärmend. Es steigert Vitalität, Freude, Leidenschaft und Motivation. Rot ist mit dem Wurzelchakra verbunden und weckt den Überlebensinstinkt, erhöht Energien und stärkt die Ausscheidungsorgane. Zu viel Rot kann zu Aggressivität führen.

Orange Orange steht für Fruchtbarkeit, Liebe und Pracht. Es macht optimistisch und fröhlich und ist mit dem Sakralchakra verbunden. Es weckt Kreativität, positives Denken und sexuelle Energie.

Gelb Obwohl Gelb nicht nur in China mit Verrat assoziiert wird, fördert diese Farbe die Fröhlichkeit und stärkt Gedächtnis und Verstand. Es kann auch die Hingabe steigern. Gelb gehört zum Solarplexuschakra und unterstützt das Verdauungssystem, die Bauchspeicheldrüse und die Nebenniere.

Grün Mit Grün verbindet man Wachstum, Frühling und Erneuerung. Es wirkt beruhigend und ausgleichend und kann Ängste und Stress mindern. Als Farbe des Herzchakras harmonisiert es Immunsystem, Lunge und Herz. Grün hilft uns im Umgang mit Liebe, Selbstwert und Beziehungen.

Blau Das kühle, beruhigende Blau erweckt ein Gefühl von Ruhe. Es steht für Unendlichkeit, Hingabe, Glaube und Keuschheit. Blau ist mit dem Halschakra verbunden und hilft bei Erkrankungen des Halses und bei Kommunikationsproblemen.

Indigo Diese spirituell erhebende Farbe beruhigt den Geist und fördert erholsamen Schlaf. Indigo ist die Farbe des Stirnchakras. Es stimuliert die Zirbeldrüse und wirkt inspirierend.

Violett Violett fördert spirituelle Reife und Einsicht. Es ist mit dem Kronenchakra verbunden und wirkt anregend auf Hypophyse, Hormone und Wachstum.

HEILENDE SYMBOLE

Bilder sind älter und verständlicher als Buchstaben, Worte oder Texte, da sie unser kollektives Unbewusstes ansprechen (siehe Seite 24). Schon immer haben Menschen auf der ganzen Welt damit Gefühle ausgedrückt, Reaktionen ausgelöst, Geschichten erzählt und Philosophien verkörpert – aber auch geheilt und eine Verbindung zur Natur und zu unserem geistigen Ursprung hergestellt.

Auch wenn Symbole in verschiedenen Kulturen unterschiedliche Bedeutungen haben können, hat unsere gemeinsame Erfahrung des Menschseins – das Erleben der Natur und des menschlichen Kreislauf des Lebens – eine universelle Symbolsprache hervorgebracht. Motive wie Baum, Blume, Wasser, Feuer, Sonne und Mond sprechen Menschen auf intuitiver Ebene an, unabhängig von deren Rasse oder Religion, und bieten darum großes Heilungspotenzial. Diese Art von Motiven bildet die Grundlage vieler Mandalas in diesem Buch.

Hinzu kommt die symbolische Geometrie der Mandalas, die ebenfalls universell ist: Der Kreis ist immer endlos, das Dreieck erinnert immer an eine Flamme, das Quadrat steht immer für die geschaffene Welt. Andere, kulturell spezifischere Symbole, wie das ägyptische Auge des Horus, das „Om"-Symbol des Sanskrit oder die chinesischen I-Ging-Hexagramme, haben eine innewohnende Schönheit und langlebige Bedeutung, die ihnen universelle Wirkungskraft verleiht.

Auf den Seiten 36–46 finden Sie einige Erläuterungen zu vielen Symbolen in den Mandalas. Weitere Informationen zu bestimmten Symbolen finden Sie in den begleitenden Meditationen zu den 30 Mandalas und auf den dazugehörigen Zitateseiten. Öffnen Sie sich bei jeder Meditation der ganzen Palette an Deutungsmöglichkeiten. Ein Bild kann viele Bedeutungen haben – die Rose kann zum Beispiel für Liebe, Schönheit und Mitgefühl stehen. Jede Reaktion auf ein Motiv spiegelt nicht nur Ihre Weltanschauung, Ihren kulturellen Hintergrund und Ihr Wissen

SYMBOLE IN DER ARCHITEKTUR

Eine Kirche, ein Tempel oder eine Kapelle sind wie ein dreidimensionales Mandala mit symbolischen Formen und Motiven. Diese Gebäude haben Heilungspotenzial, wenn man sie als Zufluchtsort für Körper, Geist und Seele nutzt.

Kuppel Als Symbol steht die Kuppel für den Kosmos oder den Himmel. Das Licht, das durch sie dringt, ist das Licht spiritueller Weisheit.

Stupa Diese buddhistische Tempelart verkörpert die fünf Elemente. Das quadratische Fundament steht für die Erde; die Kuppel für Wasser; der kegelförmige Turm für Feuer; der halbmondförmige Schirm für Luft; und die Scheibe für den Raum.

Kreuz Die Achsen des Kreuzes symbolisieren ein Aufeinandertreffen von Geist und Materie und das erlösende Potenzial des menschlichen Leidens.

Mesoamerikanische Pyramide Einige Stufentempel in Mittelamerika sind Modelle des Kosmos. Die Nordseite ihres quadratischen Grundrisses symbolisiert oft die Unterwelt; die Südseite Leben und Wiedergeburt.

wider, sondern auch Ihre unterschiedlichen Stimmungen. Diese Vielschichtigkeit verleiht der Mandala-Meditation mehr Tiefe und verstärkt ihr Heilungspotenzial.

GEOMETRISCHE FORMEN

Die Geometrie ist ein wichtiges Element der Mandala-Symbolik. Geometrische Formen sprechen den Geist an und unterstützen als meditative Objekte ein positives gedankliches Umfeld. Frei von eindeutigen Inhalten wohnt der Geometrie eine Klarheit inne, die den Geist zur Ruhe kommen lässt. Gleichzeitig ist sie jedoch offen für Interpretation und bietet Visualisierungsmöglichkeiten, wie das Zusammenwirken von Geist und Körper (das Kreuz) oder die Vorstellung von Ewigkeit (der Kreis).

Der Kreis Im Kreis finden wir perfekte Symmetrie, Integrität, Einheit und Vollkommenheit, und darüber hinaus eine bildliche Darstellung der Ewigkeit. In den Mandalas ist die grundlegende Kreisform ein Sinnbild für das Geistige, im Gegensatz zum irdischen Quadrat. Als Ring steht der Kreis für Bindung und verspricht Stabilität. Verbundene Ringe symbolisieren ein gegenseitiges Versprechen.

Die Spirale Die Bögen der Spirale sind eine häufig vorkommende Form in der Natur (zum Beispiel als Schneckenhaus) und symbolisieren eine zyklische und fortlaufende Kontinuität. Die Spirale regt unser inneres Wachstum an, während wir weiter und tiefer in unser Bewusstsein vordringen.

Rechts: Spiralen sieht man oft in Schneckenhäusern (hier an einer Mondschnecke) und auch in Mandalas. Sie verkörpern unser wachsendes Verständnis auf der Reise in unser inneres Selbst.

Der Mittelpunkt Der zentrale Punkt eines Mandalas wird im Sanskrit „bindu" genannt und steht für unsere Bewusstwerdung zu Beginn der Meditation. Alles beginnt und endet an diesem Punkt, der gleichermaßen Samen und Knospe ist. An diesem Punkt erkennt das Selbst seine Gleichheit mit dem Einen.

Das Quadrat Es verkörpert die Erde, im Gegensatz zum Himmel, aber auch das materielle, geschaffene Universum, das sich von seinem metaphysischen Schöpfer, dem Einen, unterscheidet. Das Quadrat steht auch für eine (Atem-) Pause.

Das Kreuz Das vielschichtigste der linienförmigen Symbole. Es ist das Zeichen des Christentums, aber auch ein altes Bild des Kosmos in seiner einfachsten Darstellung – zwei sich kreuzende Linien, die in vier Richtungen weisen: die Kardinalpunkte. Es ist auch eine vereinfachte Darstellung des Lebensbaums. Seine senkrechte Achse steht für geistigen Aufstieg, die waagrechte für das irdische Leben.

Das Dreieck Dieses uralte Symbol der Weisheit und des Geistes lässt an spirituelle Kraft denken, die in die materielle Welt fließt. Gleichseitige Dreiecke in einem Mandala erwecken im Betrachter ein Gefühl der Einheit. Die drei Spitzen erinnern an eine Dreifaltigkeit – Mensch, Gott und Geist, oder auch Erde, Meer und Himmel. (Für verbundene Dreiecke siehe **„Der Stern".**)

Der Stern Ein Stern kann ein fünfzackiges Pentagramm (aus einer durchgehenden Linie) oder ein sechszackiges Hexagramm (zwei übereinanderliegende

DIE SYMBOLIK DER ZAHLEN

Wenn sich Bestandteile eines Mandalas wiederholen, verbirgt sich meist Symbolik in diesem Zahlenwert. Antike Philosophen und Mathematiker wie Platon, Pythagoras, Archimedes und Euklid kannten die Symbolkraft der Zahlen und schrieben ihnen Bedeutung zu. Bei der Meditation sind Sie sich dieser Verbindungen meist nicht bewusst, aber eine Zahl fühlt sich vielleicht bedeutsam an.

1 Erinnert an Ihre Einzigartigkeit (die untrennbare Vollkommenheit) und Einheit – der fehlende Unterschied zwischen Ihnen und dem Universum.

2 Steht für die Aufteilung des Kosmos in Gegensätze wie Mann/Frau, Licht/Schatten, Yin/Yang, Innen/Außen. Diese Zahl bringt Ihnen vielleicht Ausgeglichenheit und Harmonie.

3 Diese positivste Zahl steht für Synthese, Wachstum und Kreativität.

4 Eine Vier verkörpert Stabilität, die Erde und Gerechtigkeit. Sie vermittelt ein beruhigendes Gefühl des Handelns in einem festen Rahmen.

5 Erinnert an den Körper, mit vier Gliedmaßen plus Kopf, an die fünf Sinne und an die Macht von Individualität und geistigem Streben.

6 Steht für Gleichgewicht und Symmetrie. Verdoppelt die kreative Energie der Drei.

7 Eine heilige, mystische und magische Zahl. Steht für kosmische und geistige Ordnung und die Vollendung eines Zyklus oder einer Reihe (Wochentage, Anzahl der Chakren).

8 Erweckt ein Gefühl der Stabilität und verdoppelt die Eigenschaften der Vier.

9 Eine dreifache Triade, gilt als sehr mächtige Zahl. Steht für Vollendung, Erfüllung und das Erreichen geistiger Höhen.

Dreiecke, eines umgedreht) sein. Das Pentagramm als Stern des Salomon steht für Gesundheit und mystische Harmonie. Das Hexagramm symbolisiert Einheit in der Dualität (Körper/Seele, Mann/Frau usw.). Deutlicher ist der strahlende Stern, mit wechselnden langen und kurzen Spitzen, als gutes Zeichen und geistiges Zentrum.

DIE SPRACHE DER NATUR

Die Natur steckt voller Inspiration und Kostbarkeit. Wir schätzen jene kosmischen Phänomene, die vom Menschen unabhängig existieren. Wenn wir über Lebens-formen nachdenken, die man nicht mit dem Verstand erfassen kann, finden wir Schönheit und Tiefe. Die Symbolik der Pflanzen- und manchmal Tiermotive in Mandalas spricht uns jenseits kultureller Grenzen an. Ein Baum oder eine Blume verbindet man gewissermaßen mit dem Kreislauf der Natur, während Tiere oft das „Andere" verkörpern – ein Selbst, das ausdrücklich nicht unser eigenes ist. Wenn wir jedoch verschiedene Gattungen oder Spezies von Pflanzen oder Tieren betrachten, kommt eine individuellere Symbolik ins Spiel – etwa die Verbindung von Kiefern mit Langlebigkeit in Japan oder in der westlichen Kultur die Katze mit instinktiver Geschmeidigkeit und Raffiniertheit.

Bäume Mit ihren Wurzeln in der Erde und ihren Ästen im Himmel sind die Bäume in irdischen wie auch in himmlischen Reichen zu Hause. Sie sind Antennen für spirituelle Energien und doch fest in der geschaffenen Welt verankert. Über ihre Wurzeln ernähren sie sich von unterirdischen Wässern und erinnern uns daran, dass man manchmal tief graben muss, um an Ressourcen zu gelangen. Der Stamm, besonders der Stamm der Eiche, symbolisiert Stabilität und Stärke, während uns die Biegsamkeit des Weidenstamms zeigt, dass wir oft mehr ertragen, als wir glauben, und dem Sturm trotzen können, wenn wir uns dem Wind beugen. Die Äste streben nach dem Reich des Geistigen und die Blüte erinnert uns daran, dass unser geistiges Streben erblühen, aber auch bald wieder vergehen kann.

Blumen Obwohl sie kurzlebig sind – ein Symbol unserer Vergänglichkeit – erinnern uns Blumen an die innere Schönheit, die gedeiht, wenn unsere Gedanken und Taten gut sind. In Asien besitzt der Lotus große Symbolkraft, die aus der Schönheit des Blütenkranzes entsteht, der eine idealisierte Vulva, die heilige Quelle des Lebens, verkörpert und für Geburt, Wiedergeburt und die Schöpfungsgötter steht. Weil sich der Lotus aus dem Schlamm erhebt und seine reine Blüte gen Sonne öffnet, steht er auch für unser geistiges Wachstum von der Materie zur göttlichen Vollkommenheit der Seele. Genauso bedeutsam ist die Rose, ein mystisches Symbol des Herzens, Nabe des kosmischen Rads und im Christentum auch ein Symbol für das Opfer. Vielschichtige Rosenblätter stehen für spirituelle Initiation. Tiefere mystische Symbolik und unzählige Interpretationsmöglichkeiten erhält die Rose, wenn sie über einem Kreuz platziert ist. Die Chrysantheme ist in Japan die Blume des Kaisers und der Sonne und wird mit Langlebigkeit verbunden. Andere Blumen sind wiederum in der Kräuterheilkunde von Bedeutung.

Tiere Tiere wie auch Fabelwesen werden oft unserem Instinkt zugeordnet – ein Gegengewicht zu übermäßiger Vergeistigung, aber auch gefährlich, wenn es zu einer egoistischen Befriedigung primitiver Gelüste führt. Einige spezifische Bedeutungen: Die transformativen Kräfte des Phönix wecken in uns das Verlangen, unerwünschte Bindungen zu „verbrennen" und mit neuem Ich-Bewusstsein aufzuerstehen. Der (asiatische) Drache wird mit Gewitter assoziiert (oft als Perle im Maul des Drachen dargestellt) und bringt regenerierende Energie. Der Löwe, mit seinem goldenen Fell und Mähnenkranz ist eine kraftvolle Verkörperung der Sonne.

Vögel In Mandalas stehen Vögel meist für Transzendenz. Die Taube ist ein bekanntes Symbol für Frieden, Reinheit, Liebe, Zärtlichkeit und Hoffnung. Der Adler kreist im Geisterreich und blickt auf die Welt herab. Er weckt den klaren Blick. Der Kranich ist in Fernost ein heiliger Vogel und steht für langes Leben, Weisheit und Treue. Die Eule symbolisiert vorausschauende Weisheit. Der edle Pfau steht für Unsterblichkeit, die Pracht der Sonne, Unbestechlichkeit und Selbstwert.

BEDEUTUNG DER ELEMENTE

Die westliche Kultur kennt vier Elemente – Erde, Feuer, Luft und Wasser. In China gibt es noch ein fünftes Element: Äther, Geist oder Raum. Betrachtet man die Symbole der Elemente oder Jahreszeiten, zapft man ihre Energien an. Das hilft, Körper und Geist besser in Einklang zu bringen – wie ein stärkender Ausflug in die Natur.

Erde Meist als Berg, Fels, Ackerland oder Gras dargestellt. Die Erde erinnert uns an unser materielles Leben. Sie kann auch ein Hinweis auf körperliche Heilung, Arbeit und Besitz sein. Man verbindet sie mit dem Norden und dem Winter, der Jahreszeit des erholsamen Sich-Zurückziehens.

Luft Dargestellt als fliegende Blätter oder Wolken. Die Luft steht für den Geist und die weitreichende Kraft der Gedanken. Sie ist das Medium der Kommunikation – vielleicht der Schlüssel zur Heilung. Die Luft verbindet man mit dem Osten und dem Frühling, der Zeit des frischen Wachstums und des Neubeginns.

Feuer Es ist die Quelle des Geistes, der Inspiration und Leidenschaft wie auch des Tatendrangs und der Begeisterung. Die Heilkraft des Feuers ist reinigend und transformativ: Es verbrennt unerwünschten Ballast und schafft Platz für Neues. Man verbindet es mit dem Süden und dem Sommer, der Jahreszeit mit der stärksten Energie.

Wasser Dieses Element steht für Gefühle und wird oft fließend dargestellt: Flüsse, Wasserfälle, Ozeane, Tränen. Es passt sich seinem Gefäß an, und ermahnt uns, anpassungsfähig zu sein. Man verbindet es mit dem Westen und dem Herbst, der Zeit des Sammelns und der Vorbereitung.

Äther Er wird manchmal als Himmel dargestellt und fordert uns zur Suche nach dem geistigen Ursprung der Materie auf. Er ist die Nabe am Rad der Elemente und Jahreszeiten und verstärkt die Heilkraft.

KOSMISCHE SYMBOLE

Bilder von Himmelskörpern in Mandalas erinnern uns daran, unseren Horizont zu erweitern und das gewaltige, Ehrfurcht gebietende Universum zu betrachten.

Wir fühlen uns klein, wenn wir uns der unendlichen Größe des Kosmos bewusst werden. Tatsächlich ist diese Unermesslichkeit ein Teil von uns selbst und der Kosmos unser Zuhause. Die Mandala-Meditation weckt dieses Zugehörigkeitsgefühl, auch wenn wir die erhabene Weite des Universums zu begreifen beginnen. Ebenso haben wir zu allen Menschen eine starke geistige

TRADITIONELLE SYMBOLIK DER MANDALAS

Diese Gestalten findet man oft in den bekanntesten buddhistischen Mandalas.

Heilender Buddha Ihn gibt es in vielen Varianten in verschiedenen Traditionen. Er verkörpert die Erleuchtung und die Befreiung vom Kreislauf aus Geburt und Wiedergeburt. Beim Betrachten verbinden wir uns mit dem Buddha in uns, den die materielle Welt unberührt lässt.

Göttin des Mitgefühls In Tibet ist Tara die weibliche Verkörperung Buddhas und steht für bedingungslose Liebe und Mitgefühl. Um Heilung bittet man meist die Grüne Tara und die Weiße Tara. Die chinesische Entsprechung ist Kuan Yin.

Bodhisattvas Sie sind erleuchtete Wesen, die in der materiellen Welt bleiben, um das Leid der Lebewesen zu lindern. Sie erinnern daran, dass es in der Not für uns immer spirituelle Hoffnung und Trost gibt, wenn wir offen dafür sind.

Verbindung. Unser Getrenntsein ist eine Illusion: Wir befinden uns im tiefen, ständigen Einklang mit jedem und allem. Die Mandalas verbinden uns wieder mit dieser Wahrheit.

Sonne, Mond und Sterne helfen uns, unsere Verbindung zum Universum zu begreifen, indem sie eine Brücke zwischen kosmischer Wirklichkeit und menschlichem Erleben bilden. Die Sonne ist so weit entfernt und dennoch steuert sie die Jahreszeiten. Alle physikalische Energie stammt von der Sonne; darum steht sie für spirituelle Energie und ist eine Analogie für das Göttliche. Der Mond mit seinen Phasen ist ein Symbol für Veränderung und Erneuerung in der Natur und im Leben der Menschen. Man verbindet ihn auch mit mystischer Weisheit, Intuition und Weiblichkeit. Die Sterne weisen uns auf das unbeschreibliche Wunder der Schöpfung hin, auf geistiges Streben und die Verheißung von Transzendenz.

MENSCHLICHE UND HIMMLISCHE GESTALTEN

Traditionelle Mandalas zeigen oft Figuren: meist Götter (siehe Kasten gegenüber) und Dämonen. Ein Buddha erinnert an die Erleuchtung, die man erlangen kann, wenn man sich von Gelüsten befreit und die grundlegenden Prinzipien befolgt (rechtes Denken, rechtes Tun, rechtes Reden, rechtes Streben, rechte Achtsamkeit, rechte Konzentration). In der tantrischen Tradition Tibets erscheint Buddha als weibliche Göttin Tara, Quelle bedingungsloser Liebe. Man sagt, dass sie alle Lebewesen noch stärker beschützt als eine Mutter ihr Kind. In Zeiten der Not und Angst wendet man sich an die Grüne Tara; die Weiße Tara, die „Mutter aller Buddhas", gilt als Quelle des Mitgefühls, der Reinheit, Wahrheit und Selbstlosigkeit. Das christliche Äquivalent dieser weiblichen Energie ist die Jungfrau Maria.

Moderne Mandalas enthalten manchmal Götter der griechischen oder römischen Antike – so hilft Aphrodite oder Venus in der Liebe oder mit der Kunst; der Zentaur Chiron, Lehrer von Göttern und Helden, heilt innere und äußere Wunden; Mars bringt Durchsetzungskraft; Merkur fördert die Kommunikation.

EINKLANG IN DER DUALITÄT

Viele Motive in Mandalas zeigen ein harmonisches Gleichgewicht der Gegensätze. Am bekanntesten ist das chinesische Yin-Yang-Zeichen der gegenseitigen Abhängigkeit, dessen schwarze und weiße Hälften in einem Kreis durch eine S-förmige Linie geteilt werden. Jede Hälfte enthält einen Punkt der anderen Farbe: Die Dualität von Licht/Schatten, Mann/Frau, Logik/Intuition ist nicht

Rechts: Dieses detailreiche Sandmandala aus Bhutan wird von buddhistischen Novizen sorgfältig angelegt.

Das fertige Mandala wird anschließend weggefegt, um an die Vergänglichkeit unserer Existenz zu erinnern.

absolut. Es herrscht eine ausgeglichene Wechselwirkung gegensätzlicher Kräfte im Kosmos. Das Yang enthält Energie des Yin und umgekehrt. Die Spannung zwischen ihnen erzeugt Veränderung und Bewegung und verleiht unserem Erleben Tiefe.

Wenn wir über Yin und Yang meditieren und die sich ergänzenden Gegensätze in unser Bewusstsein dringen lassen, verstehen wir intuitiv, dass Glück und Traurigkeit, gute und schlechte Zeiten, Glaube und Zweifel, ja sogar Krankheit und Gesundheit unvermeidliche Bestandteile unserer Existenz sind.

Spirituelle Lehrer beschreiben die materiellen Dualitäten als unterschiedliche Ausprägungen des Einen: als Einheit und Vollkommenheit der höchsten schöpferischen Kraft, im Mandala durch den äußeren Kreis und dem Punkt in der Mitte symbolisiert. Indem wir bei der Meditation das Mandala als Gesamtbild aufnehmen, können wir uns auf die kosmische Harmonie einstimmen und das Gefühl des tiefen Friedens und der Einheit in uns integrieren, die Grundlage für Heilung.

WIE SIE MIT DIESEM BUCH ARBEITEN

Dieses Buch enthält 30 Mandalas mit je einer Anleitung zur Meditation. Sie sind in drei Abschnitte gegliedert: „Auf der Suche nach dem ganzen Selbst", „Das

Selbst und andere", „Das Selbst in Zeiten der Belastung". Die Titel sprechen für sich, aber natürlich überschneiden sich die Themen: Eine strikte Trennung wäre dem zugrundeliegenden Ziel der Ganzheitlichkeit nicht förderlich.

Die Mandalas folgen keinem bestimmten Aufbau und es gibt keine allgemeingültige Deutung ihrer Motive. Wählen Sie frei, mit welchem Mandala Sie beginnen und in welcher Reihenfolge Sie vorgehen möchten. Denken Sie daran, dass die Symbole, Motive und Farben vor allem von Ihrem Unterbewusstsein aufgenommen und verarbeitet werden, und lassen Sie sich bei der Auswahl eines Mandalas von Ihrer Intuition leiten. Nehmen Sie aber stets eines, das Sie stark anzieht. Vielleicht suchen Sie sich jedes Mal ein anderes aus oder Sie arbeiten längere Zeit mit demselben Mandala. Tun Sie, was sich für Sie richtig anfühlt. Sie können ein Mandala auch wegen seines Titels oder dem des Kapitels auswählen, besonders, wenn Sie sich mit einem bestimmten Problem an das Buch wenden.

Die Mandala-Meditation erinnert manchmal an die uralte spirituelle Tradition des Gangs durch ein Labyrinth und führt immer tiefer in das Selbst. Die Schritt-für-Schritt-Anleitung unterstützt Sie auf dieser Reise. Sie können die Anleitungen genau befolgen oder als Wegweiser nutzen, wenn Sie neue Inspiration benötigen. Die Texte helfen, sich auf die Bilder zu konzentrieren und Ihren

Geist der Symbolik zu öffnen. Sie sollten jedoch versuchen, ohne Anleitungen zu meditieren und den Bildern nur mit einem ruhigen, klaren Geist sowie Vertrauen in Ihre eigene Intuition begegnen.

Jede Meditation wird Ihnen neue Einsichten vermitteln, die tiefgründiger werden, Sie sich weiter von alten Denkmustern entfernen. Wenn ein bestimmtes Bild oder ein Gedanke unangenehme Gefühle in Ihnen auslöst, beenden Sie die Meditation – vielleicht ist sie jetzt nicht die richtige für Sie. Möglicherweise bringt sie Themen ans Licht, für die Sie derzeit noch nicht bereit sind. Machen Sie eine andere Mandala-Meditation, bis Sie soweit sind. Die Mandalas sind immer für Sie da.

Um Sie zu unterstützen und ein inspirierendes Intermezzo zu bieten, finden sich im Anschluss an manche Mandalas Zitate, die jeweils eines der im Mandala vorkommenden Symbole oder Motive zum Thema haben. Sie können als Abwechslung zu den Bildern gerne auch zu diesen Worten meditieren. Einige dieser Texte enthalten praktische Vorschläge für Ihre spirituelle Reise abseits dieses Buches. Oft werden Sie mehr über traditionelle Symbole erfahren oder eine neue Sicht auf Alltagsphänomene gewinnen.

GRUNDLAGEN DER MANDALA-MEDITATION

Auch wenn die Meditationen in diesem Buch einfach und auch ohne Anleitung wirksam sind, kann es anfangs schwerfallen, die Disziplin aufzubringen. Mit etwas Ausdauer wird das Meditieren jedoch bald zur Gewohnheit. Es hilft, jeden Tag eine gewisse Zeit dafür einzuplanen, etwa nach dem Aufwachen oder vor dem Zubettgehen. Meditieren Sie zu Beginn zehn Minuten lang, später 15–20 Minuten.

1 Suchen Sie sich einen ruhigen Ort, an dem Sie ungestört sind. Sitzen Sie auf einem stabilen Kissen am Boden oder auf einem Stuhl, mit den Füßen am Boden und gut gestütztem Rücken.

2 Legen Sie das Mandala auf Augenhöhe vor sich, etwas weiter als eine Armlänge entfernt. Sitzen Sie bequem und legen Sie die Hände mit verschränkten Fingern, die Handflächen nach oben in Ihren Schoß.

3 Atmen Sie einige Male tief durch. Betrachten Sie das Mandala. Zu Beginn kann Ihr Blick zwischen den verschiedenen Elementen hin und her wandern. Das ist in Ordnung. Lassen Sie ihn dann jedoch unscharf werden und betrachten Sie ein, zwei Minuten lang das Bild in seiner Gesamtheit.

4 Lassen Sie Ihren Blick den Mustern und Symbolen folgen. Nehmen Sie sie auf und spüren Sie ihre Wirkung auf Ihren Geist. Folgen Sie der Anleitung oder gehen Sie eigenständig vor – oder machen Sie beides. Versuchen Sie nicht, die Motive und Farben oder Ihre Gedanken zu deuten. Öffnen Sie sich dem Mandala, lassen Sie die Muster und Symbole in Ihr Bewusstsein dringen.

5 Wenn Ihr Blick und Ihr Geist unruhig werden, atmen Sie tief durch, kommen Sie bewusst zur Ruhe und finden Sie wieder in Ihre Entspannung.

6 Wenn Sie aufhören möchten, schließen Sie die Augen und bleiben Sie noch kurz still sitzen, um das Erlebte in Körper und Geist zu verankern. Wackeln Sie dann mit Ihren Fingern und strecken Sie sich, um Ihren Körper zu spüren. Schreiben Sie Ihre Eindrücke nieder – so können Sie später über ihre Bedeutung nachdenken.

AUF DER SUCHE NACH DEM GANZEN SELBST

Die folgenden zehn Mandalas führen Sie in die Ruhe Ihrer Mitte. Schöpfen Sie mit ihrer Hilfe emotionale und spirituelle Kraft aus Ihrer inneren Quelle. Die Meditation mit diesen Mandalas heilt Sie von innen heraus, indem Sie ein besseres Selbstwertgefühl entwickeln, Ihre innere Schönheit und Stärke erkennen, Ihre kreative Ausdruckskraft steigern, sich Ihren Ängsten stellen und sich für Veränderung öffnen. Ganzheit, Frieden und Weisheit sind für Sie zum Greifen nah.

DIE SPIRALE DES LEBENS

WIR SIND KINDER DES KOSMOS. DIE MOLEKÜLE, AUS DENEN DAS MATERIELLE SELBST

BESTEHT, SIND ÜBERALL: WIR SIND ALLE EINS. INDEM WIR DIE KOSMISCHE LEBENS-

ENERGIE IN UNS ALLEN SPÜREN, ENTSTEHEN NEUE FACETTEN IN UNS. WIR WERDEN

GANZ. DARIN LIEGT DAS WESEN DER HEILUNG.

1 Betrachten Sie den Embryo im schützenden Ei in der Mitte des Mandalas – ein Symbol für neues Leben und Potenzial. Wiegen
Sie sich in der Gewissheit, dass es unendli-
che Möglichkeiten für Wachstum gibt.

2 Blicken Sie nun auf die goldenen Spiralen rund um das Baby. Ihre Form erinnert uns
an die Zyklen des Lebens und daran, dass wir
Veränderung und Wachstum unterliegen.

3 Betrachten Sie nun die DNA-Stränge, die
für Ihr einzigartiges Selbst stehen. Stellen Sie
sich vor, wie sich einige davon in Stränge aus
Perlen (der Weisheit) verwandeln.

4 Tauchen Sie schließlich in das strahlende
Blau des grenzenlosen Raums und inneren
Potenzials und folgen Sie dem perfekten Kreis
um diesen Ort des Wunders. Hier sind Sie
sicher, um Ihr ganzes wahres Selbst zu leben.

Das Leben ist die Kinderstube der Seele —
seine Vorbereitung auf die Schicksale der Ewigkeit.

WILLIAM MAKEPEACE THACKERAY (1811–1863)

DAS SELBST 2 IM KOSMOS

ALLER ANFANG IST DAS SELBST. WIR SIND NUR WINZIGE TEILCHEN IM UNIVERSUM, ABER
WENN WIR UNSERE VERBINDUNG ZU ALLEM SEIN SOWIE UNSERE GRENZENLOSEN MÖG-
LICHKEITEN ERKENNEN, ERLANGEN WIR EIN GEFÜHL VON SELBSTWERT UND SINN,
DAS UNSER WOHLBEFINDEN STÄRKT.

1 Blicken Sie auf die Mitte des Mandalas und das Pentagramm, ein Symbol für das Wunder des Lebens und der Selbsterkenntnis. Stellen Sie sich vor, dass die Kraft seiner heiligen Form in Sie fließt.

2 Betrachten Sie die schwebende Gestalt: Das sind Sie und wir alle, verbunden durch ein kosmisches Band. Sie umspannen das Universum.

3 Sehen Sie die Blumen. Ihr Kreislauf der Natur umgibt Sie nun mit Reinheit (Schneeglöckchen), Hoffnung und Erneuerung (Narzissen), Liebe (Rosen), Selbsttreue (Chrysanthemen) und Schutz (Pfingstrosen).

4 Lassen Sie sich zuletzt von den Sternen am Bildrand an das wahre Wunder der Schöpfung erinnern. Jeder Stern ist unter Millionen einzigartig – genau wie Sie.

> *Das Universum ist Veränderung;*
> *unser Leben ist, was wir daraus machen.*

MARC AUREL (121–180)

EINE BLUME, DIE NIE VERGEHT

Blumen erinnern uns an die Gaben der Natur und den Lauf der Zeit.
Sie blühen und vergehen, aber ihre Vergänglichkeit mindert nicht ihren
Wert. Wie reizlos wäre doch eine unvergängliche Blume – wie künstli-
cher Schmuck: zweckmäßig, aber nicht bemerkenswert. Auch wir erblühen und vergehen. Die Blume ist eine Miniaturausgabe unseres Schick-
sals. Wir gehen in die Ewigkeit ein, wo kein Leid erlitten und angetan
wird. Finden Sie eine Blume zum Meditieren – am besten eine mit einem
dichten Blütenkranz, wie ein Gänseblümchen, eine Rose oder eine Kame-
lie. Sie ist ein Mandala aus der Natur. Nehmen Sie ihre Form, Schönheit
und Symbolik in sich auf.

....

DIE MACHT DER BLUMEN

„Wenn wir das Wunder einer einzigen Blume klar sehen könnten, würde sich unser ganzes Leben ändern.“

BUDDHA (CA. 563–483 V. CHR.)

NAHRUNG FÜR DIE SEELE

„Brot ist zwar dem Körper Nahrung, die Blumen aber nähren die Seele.“

DER PROPHET MOHAMMED (569–632)

DAS EWIGE OM

DIE HEILIGE SILBE „OM" STEHT FÜR DEN KLANG, AUS DEM DIE SCHÖPFUNG HERVORGING

– DAS GÖTTLICHE WORT. SCHÖPFERISCHE ENERGIE IST DER URSPRUNG ALLEN SEINS.

IN UNSEREM LEBEN BILDET SIE DIE BASIS UNSERER WAHRNEHMUNG. WIR SIND NICHT

PASSIV, SONDERN AKTIV. UNSER WAHRES SELBST WIRKT SEINE EIGENEN WUNDER.

1 Betrachten Sie das goldene „OM" (in Sanskrit) in der Mitte des Mandalas. Dieses Symbol der Schöpferkraft verbindet Sie mit Ihrer eigenen, allgegenwärtigen kreativen Energie.

2 Blicken Sie auf den Davidstern aus zwei Dreiecken. DIese Verbindung steht für Ihre innere Einheit aus Sterblichem und Göttlichem. Verweilen Sie kurz im Bewusstsein dieser Verbindung.

3 Richten Sie Ihren Blick auf die weißen Vögel in den Zacken des Sterns. Sie verkörpern Ihre freie Ausdruckskraft und die Freude daran. Entspannen Sie sich und erleben Sie das befreiende Gefühl des Fliegens.

4 Fliegen Sie mit den Vögeln in das Feuer der Fantasie. Leidenschaft verwandelt Ihre Gedanken in Taten. Seien Sie stolz auf Ihr wahres schöpferisches Selbst.

Die Lunte der Möglichkeit wird von der Phantasie entzündet.

EMILY DICKINSON (1830–1886)

BLICK IN DEN HIMMEL

„Siehst du einen Adler, so siehst du einen Boten des Genius; erhebe dein Haupt!"

WILLIAM BLAKE (1757–1827)

TANZE, DANN FLIEGE

„Man könnte schon fliegen — aber erst musst du wissen, wie ein Engel zu tanzen."

FRIEDRICH NIETZSCHE (1844–1900)

DIE FREIHEIT DES FLIEGENS

Eine Welt ohne Vögel ist unvorstellbar. Ihr Gesang ist die Hymne der Natur, ihr Flug ein Symbol unseres höchsten Strebens und tiefsten Selbst – frei und seelenvoll. Vögel verkörpern auch göttliche Botschaften. Sie sind Mittler und bewegen sich zwischen materiellen und geistigen Welten, wozu auch der menschliche Geist fähig ist, wenn er sich von allen Bindungen und Sorgen befreit. In den Upanischaden sitzen zwei Vögel im kosmischen Baum, einer frisst und einer sieht zu: Symbole für die individuelle und die universelle Seele. Meditieren Sie darüber. Stellen Sie sich auch die Taube mit dem Olivenzweig vor, die Noah vom Ende der Flut kündete. Das Land wäre kahl ohne Vögel.

MONDSCHEINERWACHEN

WENN WIR AUF UNSERE INTUITION – UNSERE WEISE INNERE STIMME – HÖREN, FÜHRT

SIE UNS AUF DEN FÜR UNS RICHTIGEN WEG DER HEILUNG. INTUITION ZEIGT SICH ALS

PLÖTZLICHE EINSICHT, LEBHAFTE TRÄUME ODER EIN GEFÜHL TIEFER ERKENNTNIS.

SPÜREN SIE IHRE IRRATIONALE WAHRNEHMUNG UND VERTRAUEN SIE IHR.

1 Gehen Sie durch den äußeren Kreis des Mandalas, den Ring des Mondes – ein Tor ins unbewusste und intuitive Reich des tiefen Verstehens und der Wahrheit.

2 Blicken Sie in die Mitte des Mandalas, auf den Fluss, der um die Felsen fließt. Folgen Sie ihm: Weichen Sie mit Leichtigkeit den Hindernissen auf dem Weg zum Wohlbefinden aus.

3 Sehen Sie die Fische, Symbole der Weisheit, aus dem Wasser springen. Öffnen Sie sich der Weisheit, die Ihrem Unbewussten entspringt.

4 Gehen Sie zum Ursprung des Flusses, einer Quelle der Selbstheilung. Betrachten Sie auch die Hügel in Form einer schlafenden Frau als Symbol der latenten Intuition. Auch während des Schlafs scheinen Mond und Sterne und erhellen den Ort des weisen Selbst.

„Ich gab euch Worte der Weitsicht und der Weisheit … Wägt sie in der Stille eurer Seele ab und handelt dann in freiem Willen."

BHAGAVADGITA (1. ODER 2. JHDT. V. CHR.)

DER ZAUBER DES MONDES

Als die Völker der Urzeit den wechselnden Mond sahen, ersannen sie
Geschichten darüber, wie er jeden Monat von Tieren oder Göttern ver-
schlungen und auf wundersame Weise erneuert wurde. Die Mondphasen
verband man mit dem Kreislauf aus Geburt, Leben und Tod, während
die dunkle Seite des Mondes für die verborgene Psyche stand. Erfinden
Sie Ihre eigenen Mondheilungsrituale. Verankern Sie Ihr persönliches
Wachstum im neuen und zunehmenden Mond. Tanken Sie Energien
im Vollmond. Lösen Sie sich bei abnehmendem Mond von negativen
Gedanken. Denken Sie an Gezeitenküsten, die es ohne Mond nicht gäbe.
Dort begann amphibisches Leben. Auch wir sind Amphibien: Wir leben
halb im Körper, halb im Geist.

OFFENBARUNG

„Der Mond verweilt

Im stillen Geist;

Aus Wolken wird lichter Schein."

DOGEN ZENJI (1200–1253)

DAS TOR ZUM HERZEN

„Schönheit und Wonne strömen sanft verbunden

Im Silberschimmer über Burg und Baum

Und auch ins Herz."

LORD BYRON (1788–1824)

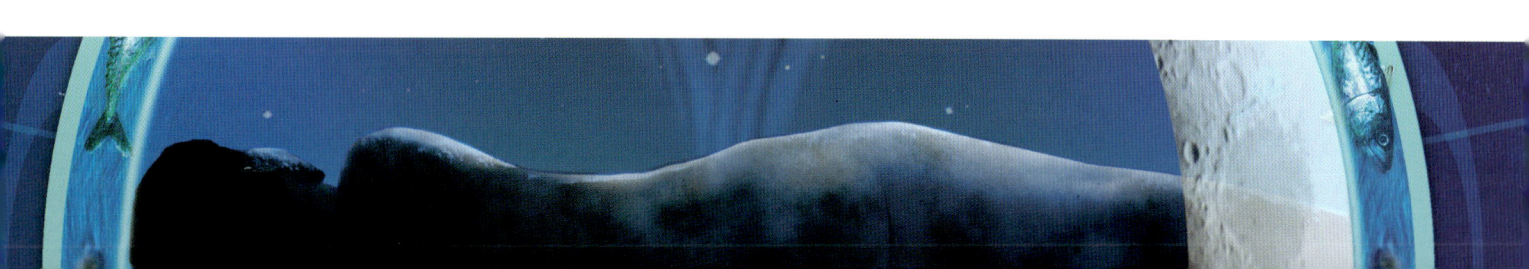

DAS ENTFALTEN
DES JETZT

ES GIBT NUR EIN „JETZT". UND DER MOMENT ENTSCHWINDET, SOBALD WIR IHN BEMER-

KEN. WENN WIR VOLLSTÄNDIG VERSTEHEN, WIE WIR DAS JETZT DER NATUR MOMENT FÜR

MOMENT ERLEBEN – WIE ES DIE BLUMEN UND BÄUME TUN, WENN AUCH NICHT MIT DEM

VERSTAND – HABEN WIR EINE WESENTLICHE WAHRHEIT BEGRIFFEN.

1 Betrachten Sie das Kreuz aus Figuren. Spüren Sie die pulsierende Energie, die aus den bunten Chakren zu Ihnen strömt. Atmen Sie die Kraft und das Potenzial der sich entfaltenden Gegenwart ein.

2 Folgen Sie jedem der bunten Chakren bis zum Scheitel. Sie sind so auf das Jetzt eingestimmt, dass Energieströme schlangengleich von einem Moment in den nächsten fließen.

3 Suchen Sie nun die ausgebreiteten Arme, die jeden Moment erfassen und nach den Bäumen greifen. Öffnen Sie Ihr Bewusstsein und Ihre Sinne und lassen Sie die Stärke der Eiche und das Potenzial des Ahorns herein.

4 Betrachten Sie zuletzt den Punkt, an dem Körper und Baumstämme verschmelzen, verankert im Moment. Nehmen Sie Stärke und Gleichgewicht auf. Seien Sie da – im Jetzt.

„ Jetzt. Das ist es. Das ist das ganze Ziel
und der ganze Sinn allen Seins. "

ZEN-WEISHEIT

HEILENDE 6 BEWEGUNG

WENN SIE VERÄNDERUNGEN ANNEHMEN, STATT SICH DAGEGEN ZU WEHREN, WERDEN

SIE FLEXIBEL UND SCHAFFEN FREIRAUM FÜR EIN GESUNDES LEBEN. DIESES MANDALA

ENTHÄLT TRIGRAMME (WIE IM „I GING", DEM „BUCH DER WANDLUNGEN") UND GELEITET

SIE AUF STRÖMEN AUS VERÄNDERLICHER ENERGIE IN DIE ZUKUNFT.

1 Beginnen Sie in der Mitte des Mandalas, wo der Jahreskreis einer Spirale aus Licht entspringt. Spüren Sie, Moment für Moment, wie die Zeit sich um Sie herum entfaltet und Möglichkeit für Veränderungen bringt.

2 Betrachten Sie die Elemente, um sich inmitten der wandelbaren Schöpfung zu verankern: feste Erde, die Luft der geistigen Reiche, inneres Feuer und ewig fließendes Wasser.

3 Blicken Sie nun auf die dreizeiligen Trigramme auf türkisem Untergrund. Ihre kurzen und langen Linien zeigen die Veränderungen in einer Welt der Möglichkeiten. Lassen Sie diese Möglichkeiten tief in Ihr Wesen dringen.

4 Stellen Sie sich vor, wie der achtzackige Stern aus dem Bild hervorbricht – ein kraftvoller Generator, dessen Form stabil bleibt, auch wenn er pulsierendes Licht erzeugt.

„Wer ständig glücklich oder weise sein möchte, muss sich oft verändern."

KONFUZIUS (551–479 V. CHR.)

VERÄNDERUNG MIT SINN

Das „I Ging" oder „Buch der Wandlungen" ist ein klassischer chinesischer Text. Er enthält ein Zeichensystem, mit dem Vorhersagen getroffen und Ratschläge gegeben wurden. Es fußt auf acht Trigrammen (wie im Mandala auf Seite 71), die aus ganzen (Yang-) und unterbrochenen (Yin-) Linien bestehen. Darin spiegelt sich der taoistische Glaube, dass der Kosmos auf einem steten Fluss aus sich ergänzenden Kräften basiert. Aus den Trigrammen kann man 64 Hexagramme bilden. Beim I-Ging-Orakel werden Stängel von Schafgarben wie Würfel geworfen. Dabei gilt: Es gibt keinen Zufall, nur Schicksal. Freier Wille existiert dennoch, aber hinter jedem Ereignis verbirgt sich ein Sinn.

ES GEHT VORAN

„Mach Fortschritte, im Guten schreite voran!"

ST. AUGUSTINUS (354–430)

EINE UNIVERSELLE WAHRHEIT

„Alles verändert sich nur, nichts stirbt."

OVID (43 V. CHR.–17 N. CHR.)

DAS JUWEL IM LOTUS

IN ÖSTLICHEN TRADITIONEN GILT DER LOTUS ALS SYMBOL UNBEFLECKTER HERZEN ODER

SEELEN, DIE SICH AUS DEM MORAST DER MENSCHLICHEN UNVOLLKOMMENHEIT ERHE-

BEN. NÄHREN WIR UNSERE INNERE SCHÖNHEIT, ENTFALTET SIE IHRE ERSTAUNLICHE

REINHEIT. ÖFFNEN SIE DIESE SCHÖNHEIT NACH AUSSEN – WIE EIN LOTUS SEINE BLÜTEN.

1 Betrachten Sie den strahlenden Diaman-
ten, den der Lotus enthüllt. Er verkörpert den
Wert Ihrer verborgenen Tiefen und eine unter
Druck entstandene unerschütterliche Stärke.

2 Sinnieren Sie nun über die Blütenblätter.
Sie zeigen die Schönheit Ihrer freigiebigen
Seele, ein Erblühen der Liebe: die Vereinigung
von Stärke, Großzügigkeit und Schönheit.

3 Blicken Sie nun zur aufgehenden Sonne
hinter Diamant und Lotus – das ewige Göttliche, das auch in uns das Göttliche weckt.

4 Suchen Sie zuletzt den Lichtkranz aus
Perlen: Weisheit durch Erfahrung. Lassen Sie
ihren sanften Glanz eine Spiegelung Ihrer
strahlenden inneren Schönheit sein. Sie
schenken Ihnen Selbstwert und schützende
Tugenden.

Wir mögen die Welt durchreisen, um das Schöne zu finden,
aber wir müssen es in uns tragen, sonst finden wir es nicht.

RALPH WALDO EMERSON (1803–1882)

BLICK NACH INNEN

„Viele Menschen glänzen unter einer rauen Schale,
ungeschliffenen Diamanten gleich."

JUVENAL (SPÄTES 1./FRÜHES 2. JHDT. N. CHR.)

SANFTHEIT FÜR DIE SEELE

„Wie ein Rohdiamant wird die Seele im Körper
platziert und muss geschliffen werden, oder ihr
Glanz zeigt sich nie."

DANIEL DEFOE (1660–1731)

BESTÄNDIGER GLANZ

Seit der Antike werden Diamanten verehrt. Im alten Griechenland hielt man sie für Tränen der Götter, während sie für die Römer Bruchstücke von Sternschnuppen waren. Aufgrund seiner außergewöhnlichen Eigenschaft als das härteste Material der Welt gilt der Diamant als Symbol für beständige Liebe, Reinheit, Stärke, Tapferkeit und Unzerstörbarkeit. In den spirituellen Lehren Asiens steht er auch für die Seele, die zahllose Inkarnationen besteht, ihre reine Absicht intakt. Man sagt, dass Diamanten ein Tor zu geistigem Wachstum öffnen. Setzen Sie sich hin und meditieren Sie über die Eigenschaften eines Diamanten, auch wenn Sie sich keinen leisten können.

SANFTE 8 WELLEN

WASSER KANN DEN GEIST BERUHIGEN: BETRACHTET MAN DEN WEITEN OZEAN MIT ALL

SEINEN LAUNEN, WERDEN DIE SORGEN GANZ KLEIN, WÄHREND UNS DER BLICK AUF

EINEN RUHIGEN SEE ODER TEICH ENTSPANNT. IN DIESEM ZUSTAND ERFAHREN WIR

WAHRE EINSICHT UND LÖSEN UNS OHNE ANGST VON ILLUSIONEN.

1 Blicken Sie in die Mitte des Mandalas, auf die Blüte, die auf einem tiefen Becken treibt. Stellen Sie sich vor, Sie treiben auch dahin, aber in der Luft, und blicken hinunter in die Tiefen. Sie fühlen sich entspannt und sicher.

2 Betrachten Sie nun das Wasser mit seinen kreisförmigen Wellen. Der Wind bewegt die Oberfläche, aber darunter ist es ruhig. Lassen Sie sich von dieser tiefen Ruhe durchdringen.

3 Achten Sie nun auf die Weidenzweige, die über das Becken hängen. Sie sind fest mit dem Ufer verbunden, schwingen aber in der Luft. Auch Ihre innere Ruhe besitzt diese verankerte Biegsamkeit.

4 Betrachten Sie das gesamte Mandala, mit seinem Kreis aus Kieselsteinen und Blüten und den Seerosenblättern in den Ecken. Spüren Sie seine Wellen durch Ihren Geist wogen.

„Wenn Wasser seine Klarheit aus der Stille zieht,
um wieviel mehr der Geist!"

ZHUANGZI (CA. 369–286 V. CHR.)

MIT DEM WIND REITEN

DAS PFERD IST EIN INTERESSANTES TIER: INTELLIGENT UND BELASTBAR WIE EIN MENSCH,

ABER DOCH KOMPLETT ANDERS IN SEINER VIERBEINIGEN GESTALT. WIR VERBINDEN UNS

NUN MIT SEINER HEILKRAFT, VERSTÄRKT DURCH DEN FRISCHEN WIND DER VERÄNDE-

RUNG. REITEN SIE AUF DIESEN PFERDEN IN DIE FREIHEIT.

1 Suchen Sie den Energiewirbel in der Mitte des Mandalas, wo Wind entsteht. Sehen Sie die Spirale aus Blättern und lassen Sie Ihre Ängste davonwehen. Die braunen Blätter stehen für Überwundenes, die grünen für Neues.

2 Betrachten Sie die galoppierenden Pferde. Spüren Sie Ihre Energie ansteigen und alte Ängste schwinden. Nehmen Sie die Freiheit der Pferde an und vertrauen Sie ihnen.

3 Richten Sie den Blick auf den Kreis aus Lorbeerblättern, mit dem man einst große Dichter krönte. Entdecken Sie dabei die Poesie Ihres eigenen Geistes.

4 Blicken Sie zuletzt auf die erdenden Quadrate und die zerbrochenen Ketten in den Ecken. Trennen Sie im Geiste alle Bindungen, die Sie gefangen halten. Genießen Sie das heilende Gefühl der Befreiung.

> *Wer ... den Verstand nicht als Zügel anwendet, der hat, wie ein Wagenlenker schlechte Rosse, seine Sinne nicht in der Gewalt.*

UPANISCHADEN (CA. 1000 V. CHR.)

EIN FRISCHER WIND

„Seit mir ein Wind hielt Widerpart,
segle ich mit allen Winden."

FRIEDRICH NIETZSCHE (1844–1900)

DAS WESEN DER VERÄNDERUNG

„Veränderung ist die Kinderstube der Musik, der
Freude, des Lebens und der Ewigkeit."

JOHN DONNE (1572–1631)

ES WEHT EIN NEUER WIND

An einem windigen Tag draußen zu sein belebt enorm. Wir spüren die Energie der Natur. Angst, Traurigkeit oder Müdigkeit sind fast wie weggeblasen – von einer Macht, für die diese Gefühle keine Bedeutung haben. Man sieht und hört diese Macht, auch wenn sie unsichtbar ist. Der Wind ist mit der Luft und dem Atem verwandt und darum ein wichtiges Symbol. Er pustet Ballast weg, hebt die Stimmung und ordnet Bekanntes neu. Ein Segelschiff ohne Wind wäre wie ein Körper ohne Seele oder ein Mensch ohne Bestimmung. Rund um uns sind Windspiele, die uns erinnern, dass Veränderung ein Teil des Lebens ist: Lauschen Sie dem Rascheln der Blätter und hören Sie die Wahrheit.

DREIFACHE SPIRALE

DIE VERBUNDENEN SCHNÖRKEL EINER DREIFACHSPIRALE ZEIGEN DIE GANZHEIT VON

GEIST, SEELE UND MATERIE. IN DER DREIFALTIGKEIT, DER BERÜHRUNG ZWISCHEN ERDE,

WASSER UND HIMMEL UND DER VERKNÜPFUNG VON VERGANGENHEIT, GEGENWART UND

ZUKUNFT FINDEN WIR BEISPIELE FÜR EIN GANZES, SICH VERTIEFENDES SELBST.

1 Betrachten Sie das Mandala. Entspannen Sie in seiner Vollkommenheit. Wenn Sie Bewegung im Bild spüren, nehmen Sie sie hin. Spüren Sie Gleichgewicht und Bewegung.

2 Betrachten Sie die Spirale und den Mittelpunkt, der Ihre Essenz symbolisiert. Folgen Sie den drei Windungen – Geist, Körper, Seele. Denken Sie Ihren spiralförmigen Lernfortschritt, der durch wohlverdientes Wissen tiefer dringt.

3 Lenken Sie Ihren Blick auf die Perlenkette um die Spirale. Jede Perle ist einzeln und vollkommen, aber mit den anderen in einem Kreis der Schönheit und Harmonie verbunden.

4 Suchen Sie die vier Muscheln in den Ecken. Auch in der Natur zeigt sich das ganze Selbst.

> *Befinden sich Körper, Geist und Seele in komplettem Einklang, wird das Tor zur Seele weit aufgestoßen.*
>
> **INDISCHES SPRICHWORT**

DAS SELBST
UND ANDERE

Die zehn Mandalas in diesem Kapitel fordern Sie dazu auf,

sich mit den Beziehungen in Ihrem Leben zu beschäftigen und

sich für neues Wachstum durch Versöhnung, Vergebung und

Akzeptanz zu öffnen. Sie lassen Ihren Geist zur Ruhe kom-

men und ihn in den Schwingungen der Symbole verharren,

sodass Ihre Intuition Konflikte lösen und wieder liebevolle

Bindungen knüpfen kann.

EINHEITIMREGENBOGEN

JEDER VON UNS IST DUAL: IN UNS VEREINEN SICH MÄNNLICH UND WEIBLICH, AKTIV

UND PASSIV, VERSTAND UND INTUITION. INDEM WIR DIESE SCHEINBAREN GEGENSÄTZE

IN HEILSAMEN EINKLANG BRINGEN, TRETEN WIR IN EINEN INNEREN DIALOG MIT EINEM

LEBENSPARTNER, DER UNSER GEGENSTÜCK IST.

1 Betrachten Sie zuerst den goldenen Kelch, das Gefäß Ihrer weiblichen Eigenschaften und dann das Schwert der Entschlossenheit, das Symbol Ihrer männlichen Energie. Spüren Sie, wie sich die Gegensätze anziehen – wie auch in Ihnen und in Ihrer Beziehung.

2 Sehen Sie die verschlungenen Zeichen für männlich/weiblich. Sie stehen für Ihr wahres duales Wesen. Spüren Sie Intuition und Verstand in eine freudige Einheit verschmelzen.

3 Folgen Sie dem Ring aus liegenden Achten, die das Männliche und das Weibliche in perfektem Einklang verbinden.

4 Finden Sie nun die Regenbögen. Ihre Farben spiegeln Ihre Chakrenfarben wider. Sie segnen die Vereinigung der Gegensätze.

Ich bin ein Teil von allem,
dem ich begegnet bin.

ALFRED TENNYSON (1809–1892)

DIE SPRACHE DER FARBEN

„Die Farbe allein, nicht mit Bedeutungen beladen und losgelöst von einer bestimmten Form, kann auf tausend verschiedene Weisen zur Seele sprechen."

OSCAR WILDE (1854–1900)

SEI DU DER REGENBOGEN

„Sei du der Regenbogen in den Lebensstürmen, der Sonnenstrahl am Abend, der die Wolken fortlächelt und mit prophetischem Schein den Morgen malt."

LORD BYRON (1788–1824)

EIN HEILENDES SPEKTRUM

Die Schönheit des Regenbogens entsteht aus Licht, das sich in
den Wassertropfen in der Luft bricht. Seine harmonischen Farben
erinnern uns daran, dass auf die Stürme des Lebens auch wieder
Ruhe folgen kann, wenn wir daran glauben und danach streben.
Der Regenbogen ist ein Symbol für gegenseitige Abhängigkeit,
und eine Brücke zwischen dem Irdischen und dem Unsichtbaren.
Seine sieben Farben sind auch jene der Chakren. Wenn Sie einen
Regenbogen sehen, denken Sie an die Schönheit der Seele, aber
auch an die „Regenbogennation" - eine friedliche gemischte
Gesellschaft aus aufgeklärten Menschen, die ihr Wissen teilen.

DER HEILENDE SPIEGEL

ZWEI HÄNDE IM GEBET FÜR ANDERE GEFALTET KÖNNEN DIE WELT VERÄNDERN – INDEM

SIE SELBSTSUCHT ABLEHNEN UND MITGEFÜHL VERBREITEN. STATT IN HABGIER ZU

HANDELN, HALTEN SIE INNE UND VOLLZIEHEN EIN SELBSTLOSES RITUAL.

1 Betrachten Sie das Yin-Yang-Symbol in der Mitte des Mandalas. Jede Hälfte umschließt einen Teil der anderen. Würdigen Sie die dynamische Vereinigung dieser Paarung.

2 Richten Sie Ihre Aufmerksamkeit auf die Hände. Mit ihrem exakten Spiegelbild verkörpern sie selbstloses Gebet und nicht die Eitelkeit, die wir normalerweise mit Spiegeln assoziieren. Das Kreuz aus Händen symbolisiert die Verschmelzung des Menschlichen mit dem Göttlichen.

3 Achten Sie auf die Kolibris, die Nektar aus den Blüten trinken – so reichhaltigen Beistand erhalten wir, wenn wir einander respektieren.

4 Nehmen Sie das gespiegelte Bild in seiner Ganzheit auf. Geben Sie sich entspannt dem Zustand der heilenden Symmetrie hin.

"Das Herz des Menschen ist so angelegt,
dass es Widersprüche miteinander vereint.

DAVID HUME (1711–1776)

WURZELN FÜR ZWEI

13

ZWEI BÄUME, DIE SICH EINE WURZEL TEILEN, DRÜCKEN UNABHÄNGIGKEIT IN VERBIN-
DUNG MIT ABHÄNGIGKEIT AUS – EINE VIELSCHICHTIGE HARMONIE. MIT DIESER SYMBO-
LIK ZEIGT DAS MANDALA DIE STÄRKE EINER GESUNDEN BEZIEHUNG OHNE UNTERWÜR-
FIGE SCHWÄCHE ODER ERDRÜCKENDE MACHT.

1 Lassen Sie die robuste Eigenständigkeit der Stämme auf sich wirken. Sehen Sie die Blätter, die sich im Himmel treffen, und die verschmelzenden Wurzeln unter der Erde. Jenseits der Dualität des Einzelnen liegt friedvolle Einheit.

2 Sinnieren Sie über das Gleichgewicht von Erde und Luft, Yin und Yang, Licht und Schatten. Es spiegelt die Begegnung von Körper und Geist wider und die reine – körperliche, geistige und seelische – Verbindung zweier Menschen. Prägen Sie sich dieses Symbol mit seinen Gegensätzen ein.

3 Achten Sie auf die Kraniche. Stellen Sie sich vor, wie sie sich begegnen und Plätze und Farben tauschen. Wenn sich zwei Menschen in Harmonie vereinen, findet eine magische Wandlung statt.

*"Wachset im Schatten des anderen
und teilt euch den Regen."*

MATEO ALEMÁN (1547-CA.1609)

EINE KUPPEL ÜBER ALLEM

DAS SYMBOL DER KUPPEL, WIE MAN ES IN DEN HEILIGEN STÄTTEN VERSCHIEDENER RELIGIONEN FINDET, STEHT FÜR DEN KOSMOS, ABER AUCH FÜR GLAUBENSÜBERGREIFENDE EINTRACHT OHNE POLITISCHE UND RELIGIÖSE DIFFERENZEN. DIESES MANDALA ERWECKT UND PREIST DIESE UTOPIE.

1 Betrachten Sie das Auge in der Mitte des Mandalas. Als Ihr weises Selbst sieht und versteht es alles, ohne zu werten.

2 Richten Sie Ihre Augen auf den Rahmen, aus dem das Auge blickt – es sieht zu vier glänzenden Tempeln hinaus, jeder mit einer eigenen Kuppel. Das gesamte Mandala zeigt eine Kuppel, von unten gesehen, mit dem Himmel darüber.

3 Blicken Sie in den Sternenhimmel, in dem Glaubensunterschiede bedeutungslos sind. Als Kontrast zur Nacht zeigt die goldene Kuppel die Schönheit, die der Mensch in sich selbst entfalten kann, wenn er von der Seele statt von Vorurteilen gelenkt wird.

4 Meditieren Sie nun über den acht hochfliegenden Vögeln, die für Glaubensfreiheit und die Nähe zum Göttlichen stehen.

> *Das Leben, wie eine Kuppel aus vielfarbigem Glas,*
> *befleckt das weiße Strahlen der Ewigkeit.*

PERCY BYSSHE SHELLEY (1792–1822)

GEISTIGE LEHRER

Als privilegierte Minderheit im modernen Westen können wir unseren
Glauben frei wählen und bestimmte Lehren annehmen oder ablehnen.
Wir glauben vielleicht an das Eine, die „Kraft der Gegenwart", Barm-
herzigkeit – oder an Mandala-Meditation. Die weisesten Gedanken
über die Seele und die Erleuchtung stammten jedoch von einzelnen
Menschen. Sie inspirierten uns nicht nur durch Worte, sondern auch
durch Taten. Wenn Sie einen guten Lehrer finden, seien Sie dankbar
und lernen Sie bei jeder Gelegenheit dazu. Lesen Sie auch viel, denken
Sie nach und vergessen Sie nicht: Ihre neuesten Gedanken sind nicht
immer Ihre weisesten.

DIE SÄULEN DER WAHRHEIT

„Jede Wahrheit hat vier Ecken, ich gebe euch eine — es ist an euch, die anderen drei zu finden."

KONFUZIUS (551-479 V. CHR.)

OFFENBARTES WISSEN

„Jesus sprach: ‚Was dir verborgen ist, wird sich dir offenbaren … Spaltet ein Stück Holz, und ich bin da. Hebt einen Stein, und ihr findet mich dort."

DAS THOMASEVANGELIUM (CA. 50–140 N. CHR.)

FRIEDENSTAUBEN

DIE BIBLISCHE TAUBE MIT DEM OLIVENZWEIG IM SCHNABEL (SIEHE SEITE 103) STEHT

FÜR HOFFNUNG UND VERSÖHNUNG – GOTT SCHLIESST FRIEDEN MIT DER WELT. DIESES

MANDALA BRINGT MIT DIESEN SYMBOLEN FRIEDEN INS HERZ DES MEDITIERENDEN

UND HEILUNG FÜR FREUNDSCHAFTEN ODER LIEBENDE.

1 Betrachten Sie die Blume in der Mitte des Mandalas. Spüren Sie, wie in Ihnen allmählich der natürliche Zustand des Friedens erblüht – jegliche Feindseligkeit ist vergangen.

2 Fliegen Sie in diesem Frieden auf den Schwingen der Tauben. Im Schatten des Friedens blühen liebliche Blumen. Stellen Sie sich vor, wie sich um alle Menschen, die Ihnen Leid angetan haben, Flügel der Liebe breiten.

3 Fliegen Sie zum Kreis aus Olivenzweigen. Sie verkörpern die Hoffnung, dass Ihr Friede andere besänftigt – wenn Sie daran glauben.

4 Blicken Sie auf den äußeren Kreis aus winzigen Blüten. Ein liebevoller Umgang mit allem, auf der Grundlage von Frieden und Versöhnung, lässt unerwartete Schönheit erblühen. Pflanzen Sie Liebe und Schönheit in der Erde des Friedens.

Bewahre du zuerst Frieden in dir selbst,
dann kannst du auch anderen Frieden bringen.

THOMAS VON KEMPEN (1380–1471)

NACH DER FLUT

„Die Taube kam zu ihm zur Abendzeit, und siehe,
ein Ölblatt hatte sie abgebrochen und trug's in ihrem
Munde. Da merkte Noah, dass das Gewässer gefallen
wäre auf Erden.“

1. BUCH MOSE, 8.11

SACHTE, SACHTE!

„Gedanken, die mit Taubenfüßen kommen, lenken
die Welt.“

FRIEDRICH NIETZSCHE (1844–1900)

DIE TAUBE KEHRT ZURÜCK

In der biblischen Geschichte von der Sintflut ließ Noah erst einen Raben, dann eine Taube nach Land suchen. Als die Taube mit einem Olivenzweig in ihrem Schnabel zurückkehrte, begann eine neue Ära nach einer langen Zeit der Entbehrungen. So kam es, dass die Taube nun für Frieden und Hoffnung steht. Die Friedenssymbolik hat nichts mit der – oft streitlustigen – Taube selbst zu tun, sondern mit ihrer weißen Farbe. Tauben verbindet man auch mit dem Heiligen Geist: Als Johannes der Täufer Jesus taufte, sah er den Geist Gottes auf ihn herabsinken „wie eine Taube". Beim Meditieren über die Taube können wir das Göttliche auch in unseren Herzen wahrnehmen.

MYSTISCHE 16 RINGE

DIE LIEBE, WENN SIE AUS UNSERER REINSTEN SEELE KOMMT, IST EWIG UND WAHRHAF-

TIG. WIR SPRECHEN VON DER EWIGKEIT OHNE GEDANKEN AN DIE STERBLICHKEIT, DENN

DIE STERBLICHKEIT IST REINEN HERZEN FREMD. DIESES MANDALA SCHLIESST EINEN

MYSTISCHEN BUND MIT UNSEREN LIEBSTEN.

1 Betrachten Sie die Muschel in der Mitte des Mandalas. Ihre Farbe lässt Liebe in Ihr Herz strömen. Ihre Spiralform erinnert Sie daran, dass Liebe natürlich und schön ist.

2 Blicken Sie auf die verschlungenen Ringe, die ein Zeichen des heiligen Bundes von Materie und Geist bilden. Versprechen Sie sich feierlich, Ihr Leben im Geiste dieser Vereinigung zu führen.

3 Folgen Sie der Energie der Liebe, die aus der Erde strahlt, und Sonne und Mond ehrt. Sie gehören zur kosmischen Gemeinschaft der Liebe. Denken Sie an Dantes „Il Paradiso": „Die Liebe, die Sonne und die Sterne bewegt".

4 Lassen Sie sich von den Engelsflügeln der Liebe umhüllen und schweben Sie mühelos zum Rand des Mandalas. Sie sind bereit, zu fliegen.

> *Du hast in den Momenten wirklich gelebt,*
> *in denen du im Geist der Liebe gehandelt hast.*

HENRY DRUMMOND (1851–1897)

METAMORPHOSE

IN GESUNDEN BEZIEHUNGEN HELFEN WIR ANDEREN, IHR POTENZIAL ZU ENTFALTEN, DAMIT SIE IHRE FLÜGEL AUSBREITEN UND GANZ SIE SELBST SEIN KÖNNEN. DAS KOSTET KRAFT, ABER VERWANDELT GEBENDEN UND NEHMENDEN. FINDEN SIE MIT DIESEM MANDALA HERAUS, WAS SIE ZU GEBEN HABEN.

1 Betrachten Sie die Raupen und Kokons in der Mitte des Mandalas. Die darin wachsenden Schmetterlinge brauchen Kraft, um auszubrechen und ihre Flügel zu entfalten. Auch Beziehungen erfordern Kraft und Hingabe.

2 Sehen Sie die Raute, in der eine Beziehung wachsen kann. Die Schmetterlingsfühler registrieren jede Bewegung aufmerksam. Aufmerksamkeit ist ein Zeichen von Liebe.

3 Blicken Sie nun auf die Schmetterlinge. Sie werden losfliegen, um ihr Schicksal zu finden - zuerst die beiden oberen, dann die unteren, in einem friedlichen Tanz der Liebe.

4 Betrachten Sie die Sonnen und Monde im äußeren Kreis. Vor jeder Sonne steht ein Mond, ohne sie zu verdunkeln. Die Sonnen strahlen ungetrübt. Fühlen Sie sich entspannt und harmonisch.

> *Glück ist wie ein Schmetterling, der stets entwischt, will man ihn fangen ... Doch wenn du geduldig abwartest, lässt es sich vielleicht auf dir nieder.*

NATHANIEL HAWTHORNE (1804–1864)

HIMMLISCHE HARMONIE

„Die Himmel selbst, Planeten und dies Zentrum,
reihn sich nach Abstand, Rang und Würdigkeit."

WILLIAM SHAKESPEARE (1564–1616)

DAS STRAHLENDE UNIVERSUM

„Das Wort Gottes ist das universelle und unsichtbare
Licht, erkennbar von den Sinnen, das seinen Schein
aus Sonne, Mond, Planeten und anderen Sternen
strahlt."

ALBERT PIKE (1809–1891)

EIN HIMMLISCHES PAAR

Sonne und Mond könnten sich in Größe und Erdentfernung nicht
stärker unterscheiden – der Mond ist unser kleiner Nachbar, die Sonne
ein feuriger Riese, dem wir huldigen und der uns schützt. Der Unterschied zwischen einer Sonne und einem Trabanten ist gewaltig. In der
Symbolik stehen sie sich jedoch näher, da wir beide als Himmelskör-
per sehen, die im Laufe des Tages auf- und untergehen. Jenseits dieser
kurzsichtigen Wahrheit gibt es aber auch weitsichtige Weisheit: Die
schiere Unermesslichkeit der Schöpfung, ihre unüberwindbarer Weite,
und der menschliche Geist mittendrin – bescheiden, unsterblich, stolz
und genauso wundervoll wie Sonne oder Mond.

MITFÜHLENDE GÖTTIN

18

MITGEFÜHL IST DIE GRUNDLAGE SPIRITUELLER HEILUNG. ES WIRD HIER VON DER GÖTTIN DES MITGEFÜHLS VERKÖRPERT, DIE IHRE EIGENE ERLÖSUNG AUFSCHOB, BIS SIE ALLE MENSCHEN AUF ERDEN GERETTET HATTE. AUF DEM BILD MEDITIERT SIE UND LÄSST IHRE GÜTE AUS EINEM HERZ VOLLER LIEBE FLIESSEN.

1 Betrachten Sie die Göttin des Mitgefühls in der Mitte des Mandalas. Öffnen Sie ihrer bedingungslosen Liebe und Akzeptanz Ihr Herz. Seien Sie gewiss, dass ihr grenzenloses Mitgefühl in Sie hineinfließt und auch Sie mitfühlend macht.

2 Ruhen Sie im Kreis aus weichen, herzförmigen Blütenblättern. Spüren Sie das Mitgefühl wie ein warmes Glühen in sich wachsen.

3 Blicken Sie zu den Kreisen, die winzige Gottheiten umschließen. Die kleine Gestalt der Göttin des Mitgefühls findet in jedem Herzen Platz, auch in Ihrem. Stellen Sie sich diese Göttinen in jedem Atom jedes Atemzugs vor.

4 Richten Sie Ihren Blick auf den Rand des Mandalas und die lieblichen Blumen, die erblühen, wenn die Saat des Mitgefühls auf fruchtbaren Boden fällt.

> *Unsere Leiden und Wunden werden nur geheilt,*
> *wenn wir sie voll Mitgefühl berühren.*

BUDDHA (CA. 563–483 V. CHR.)

DIE BARMHERZIGE GÖTTIN

Die Göttin des Mitgefühls wurde in verschiedenen Verkörperungen in vielen Kulturen verehrt – als Isis des alten Ägyptens oder als chinesische Kuan Yin. In Tibet kennt man sie als Tara, den weiblichen Aspekt Buddhas. Als „bodhisattva", als erleuchtetes Wesen, verzichtet sie auf die Glückseligkeit des Nirwana, um anderen zu helfen. Ihr Vorfahre ist der männliche „bodhisattva" Avalokiteshvara. Sie verkörpert bedingungslose Liebe, Akzeptanz, Gnade und Vergebung. In Zeiten der Not bittet man sie oft um Schutz, Trost und Heilung – man kennt sie in allen Kulturen als die, „die das Klagen der Welt erhört". In einer Sage erhält sie tausend Arme, die sie beim Almosengeben unterstützen.

DER WEG ZUR HEILUNG

„Wenn du willst, dass andere glücklich sind, übe dich in Mitgefühl. Wenn du selbst glücklich sein willst, übe dich in Mitgefühl. "

DER DALAI LAMA (GEB. 1935)

EIN MITFÜHLENDES HERZ

„Lass nie jemanden zu dir kommen, ohne dass er sich beim Abschied besser und glücklicher fühlt. "

ABBÉ GASTON COURTOIS (1897–1970)

KELCH DER FÜLLE

DER KELCH DER FÜLLE IST EIN MAGISCHES GEFÄSS, DAS JEDE GEWÜNSCHTE FORM

VON NAHRUNG GEWÄHRT. IN DIESEM MANDALA SCHENKT ER VERGEBUNG AUS – DEN

WIRKSAMSTEN TROST FÜR DAS HERZ. ABER SIE DÜRFEN SICH IN DER MEDITATION

AUCH LIEBE, FRIEDEN ODER WEISHEIT WÜNSCHEN.

1 Betrachten Sie das spiralförmige „bindu" in der Mitte des Mandalas – das ist Ihr Selbst, getränkt mit dem Potenzial für Vergebung und am Beginn einer inneren Reise, um sie als Ihren Schatz zu erlangen.

2 Blicken Sie auf den goldenen Kelch in der Mitte. Eine Fülle an Wasser ergießt sich aus ihm auf die Erde. Stellen Sie sich vor, es wäre eine endlose Quelle der Vergebung.

3 Meditieren Sie über dem Muster der Versöhnung, geformt aus dem fließenden Wasser. Vergebung bildet sich rund um die Muster aus Liebe und Frieden in Ihrem Herzen.

4 Verlassen Sie den Kreis der Eventualität – den runden Tisch, der den Kelch trägt. Der erste fließende Kreis ist Vergebung in Ihrem Herzen. Gehen Sie zum äußeren fließenden Kreis – ein Versprechen, Vergebung zu praktizieren.

> *Wer gibt, erhält mehr zurück,*
> *und das Mehr steht im Verhältnis zum Wert des Gegebenen.*

GEORGE MACDONALD (1824–1905)

KARMISCHE BERECHNUNGEN

„Ist das menschliche Spiel in Bewegung gebracht,
fließt es stets fort in der ewigen Geschichte."

GEORGE MEREDITH (1828–1909)

UNSER HEILIGER GRAL

„Einen anderen Menschen zu lieben,
das ist die schwerste aller Aufgaben.
Die endgültige, die letzte Prüfung,
die Arbeit, für die alle andere Arbeit
nur Vorbereitung ist."

RAINER MARIA RILKE (1875-1926)

DER KELCH

In einer irischen Sage finden wir den Kelch als Kessel von Dagda, der
die Wünsche aller erfüllt, die ihm begegnen. In der Artussage ist der
Kelch ein zentrales Motiv als Heiliger Gral, der nur jenen zugänglich
ist, die seiner würdig sind und strenge Prüfungen bestehen. Im Christentum wird die Prüfung zur Glaubensfrage: Man sagt, dass der Kelch,
aus dem Jesus beim Letzten Abendmahl trank oder in dem das Blut
seiner Kreuzigung aufgefangen wurde, der Gral sei. Um den symbolischen Kelch auch in Ihr Leben zu integrieren, stellen Sie sich die Seele
als Gefäß vor: wertvoll wegen ihres Inhalts und nur dann zweckmäßig,
wenn sie befüllt und keine leere Trophäe ist.

FEUER DES ANDEREN

IST DIE EINZIGARTIGE SEELE IN IHNEN ERST DURCH WAHREN SELBSTWERT ENTFACHT,

VERBRENNT SIE ALLEN UNRAT UND LÄSST IHR WAHRES WESEN ERSTRAHLEN. IN DIE-

SEM MANDALA NEHMEN SIE SYMBOLISCH DIE SEELE EINES ANDEREN AN –

OB GELIEBTER MENSCH, FREUND, BEKANNTER ODER FREMDER.

1 Beginnen Sie bei der Perle in der Mitte des Mandalas – die Seele Ihres Freundes. All seine Gedanken, Taten und Gefühle entspringen dieser Perle, die in der Auster des Erbes und der Erfahrung herangewachsen ist.

2 Sehen Sie, wie die Flammen der Tatkraft aus dieser Person lodern und sich mit ihrem Umfeld verbinden, während sie durchs Leben schreitet.

3 Beachten Sie, dass die flammende Perle dieses Menschen im Mittelpunkt seines Lebensnetzes liegt, wo auch Sie ein Faden sind – stark, gebunden und einer von vielen.

4 Betrachten Sie das gesamte Mandala – ein wundervoller Ausbruch von Energie, stets in Bewegung um die Mitte. Schicken Sie Ihrem Freund liebevolle Gedanken, um die Flammen weiter anzufachen.

"Die entflammte Seele des Menschen ist die mächtigste Waffe auf Erden."

FERDINAND FOCH (1851–1929)

DAS NETZ DES LEBENS

Wir alle sind Teile des komplexen Netzes des Lebens. Jedes Wesen auf Erden, von der kleinsten Zelle bis zum größten Säugetier, trägt zur Gesundheit und zum Gleichgewicht des Ganzen bei. Wie bei einem Spinnennetz bringen die geringsten Bewegungen die gesamte feine, aber robuste Struktur in Schwingung. Oft benötigen wir Heilung, weil wir die Verbindung zu anderen Teilen des Netzes – Familie, Freunde, Glaubensgemeinschaft – verloren haben. Stärken Sie diese Verbindungen und entdecken Sie neue Energien im Netz. Spüren Sie dabei, wie Liebe und Mitgefühl Sie innerlich stärken, in die Welt fließen und Gleichgesinnte anziehen, die Sie wieder mit dem Ganzen verbinden.

MILLIONEN VON TEILNEHMERN

„Im gesamten Universum gibt es unzählige Arten und Millionen von Grashalmen, und jeder davon … bildet, Stück für Stück, das Universum."

DOGEN ZENJI (1200-1253)

GLIEDER IN DER KETTE DES SEINS

„Regenwürmer mögen eine kleine und jämmerliche Erscheinung in der Kette der Natur sein, aber gäbe es sie nicht mehr, würden sie eine beklagenswerte Lücke hinterlassen."

GILBERT WHITE (1720–1793)

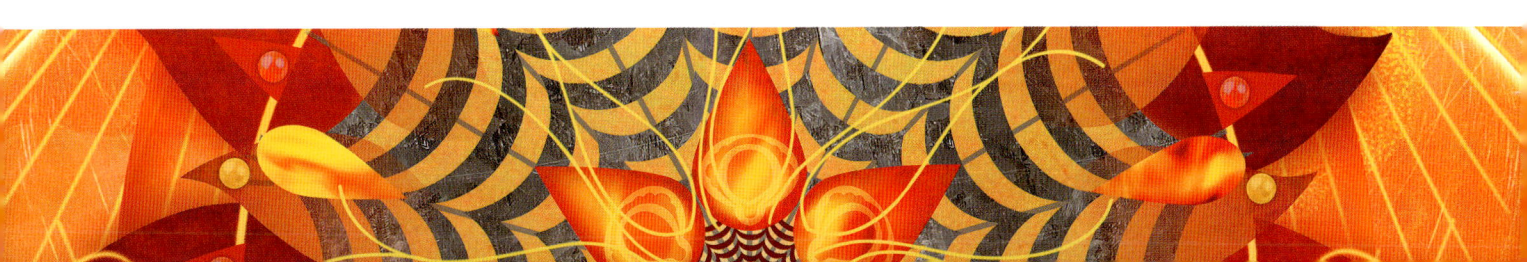

DAS SELBST IN ZEITEN DER BELASTUNG

Unser Körper kann sich erstaunlich gut regenerieren: Knochenbrüche heilen, beschädigte Nerven wachsen wieder, seelische und körperliche Wunden vergehen. Wir besitzen auch einen gewaltigen Vorrat an Geduld und Mut, wenn wir ihn nur anzapfen können. Die zehn Mandalas in diesem Kapitel helfen Ihnen dabei, Stärke und Einfallsreichtum zu entwickeln, um Krankheit, Verlust und Einsamkeit überwinden zu können, damit Sie sich, wie ein Phönix aus der Asche seines alten Selbst, verjüngt in Herz und Seele aus schweren Zeiten erheben können.

SPIRALFLUSS

21

WASSER GEHT DEN WEG DES GERINGSTEN WIDERSTANDES. ES FLIESST UM HINDER-NISSE, IMMER WEITER. EINE MEDITATION ZU EINEM FLUSS HILFT DEM GEIST, IN ZEITEN DER NOT MIT DEM STROM ZU SCHWIMMEN, STATT GEGEN IHN ANZUKÄMPFEN. DIE KRAFT DES FLUSSES BRINGT SIE ZU NEUEN UFERN.

1 Betrachten Sie das Yin-Yang-Zeichen, das Symbol der Dualität: die einander ergänzenden Gegensätze des Lebens. Folgen Sie dem Spiralfluss des Wassers – ein magischer, ruhiger Fluss, der in uns allen fließt.

2 Sehen Sie die Landschaft am Flussufer: Gras weicht Bäumen, Bäume weichen Felsen. Sie alle sind unberührt von Ihren Problemen, wie in Wirklichkeit auch Sie selbst.

3 Spüren Sie, wie der beständige Fluss durch stete Erosion sein Bett vertieft – wie uns auch unsere Belastbarkeit in Zeiten der Not Tiefe verleiht. Es gibt kein Hindernis im Leben, an dem wir nicht wachsen können.

4 Wenn Sie am Ende der Reise die unmittelbare Krise überstanden haben, stehen Sie endlosen Möglichkeiten gegenüber. Ein erfülltes Leben liegt in Ihrer Hand.

" Wasser ist flüssig, weich und nachgiebig. Aber das Wasser bezwingt den Stein, der hart und unnachgiebig ist … das Weiche besiegt das Harte. "

LAOTSE (*CA. 604–531 V. CHR.*)

DIE KRAFT DER SPIRALE

Die Form der Spirale ist in der Natur häufig zu finden: als Doppelhelix der DNA, in Schneckenhäusern, eingerollten Schlangen, als Strudel im Wasser und als Galaxie. In der Kunst unserer Vorfahren wurde die Spirale in Felsen geritzt und auf Höhlenwände gemalt. Sie ist ein bedeutungsvolles Symbol und steht für Entwicklung, den Kreislauf der Jahreszeiten oder des Lebens, Selbsttransformation und die Entstehung von Erkenntnis, Wissen und Weisheit. Man verbindet sie auch mit weiblicher Stärke (einwärts drehende Spirale) und männlicher Energie (auswärts drehende Spirale). Ihre stete Fortbewegung um die Mitte erinnert an den Rhythmus des Lebens.

INTERVALLE DER SPIRALE

„Der Fortschritt folgt nicht einer geraden, aufsteigenden Linie, sondern einer Spirale aus Fortschritt und Rückschritt, Entstehung und Verfall."

JOHANN WOLFGANG VON GOETHE (1749–1832)

EIN LEBEN IM WANDEL

„Nichts ist sicher, außer das Leben, die Veränderung, und der belebende Geist."

RALPH WALDO EMERSON (1803–1882)

SCHWEBENDE WOLKEN

22

ANGST SCHÜTZT UNS VOR GEFAHREN, DOCH NUR ZU OFT FÜRCHTEN WIR UNS VOR EIN-
GEBILDETEN BEDROHUNGEN. DIE ANGST KANN ÜBER SICH HINAUSWACHSEN UND UNS
BEHERRSCHEN. DIESES MANDALA ERMUTIGT SIE ZUM LOSLASSEN IHRER ÄNGSTE –
ZEIGEN SIE IHR WAHRES, UNBEUGSAMES SELBST.

1 Betrachten Sie die Wolken im Mandala – Ängste, die über den Himmel Ihres Bewusst-seins ziehen. Sie sind leicht und fedrig; sie schaffen es nicht, die Sonne zu verdunkeln. Die Sonne ist die starke Mitte des Mandalas und Ihres Wesens.

2 Wenden Sie sich der untergehenden Sonne über dem ruhigen Wasser zu. Spüren Sie, wie ihre sanfte Wärme die Wolken voll-ständig zerfließen lässt. Diese Wolken werden Sie nicht mehr bedrohen.

3 Suchen Sie die Schmetterlinge und Vögel – die Flucht vor der Angst ist eine Reise in die Ganzheit.

4 Tauchen Sie nun ins Mandala ein, in ihre Quelle der Stärkung. Atmen Sie seine goldene Kraft und seinen besinnlichen Frieden ein.

" *Der Geist soll weit wie der Himmel sein.*
Gedanken sollen sich wie Wolken verziehen dürfen. "

LONGCHENPA (1308–1363)

HEILENDE TRÄNEN

23

EGAL, OB SIE EINEN GELIEBTEN MENSCHEN ODER IHREN JOB VERLOREN HABEN, ODER

OB SIE EINEN LANGGEHEGTEN TRAUM AUFGEBEN MUSSTEN: DIE TRAUER IST EIN HEIL-

SAMER PROZESS, UM DIE GEFÜHLE AUF DEM WEG ZUR AKZEPTANZ ZU VERARBEITEN.

DIESES MANDALA HILFT IHNEN DABEI.

1 Beginnen Sie in der dunklen Mitte des Mandalas. Verharren Sie hier in Ihren Gefühlen und verdrängen Sie die Trauer nicht. Fühlen Sie nur.

2 Betrachten Sie die Flüsse aus Tränen und erkennen Sie ihre reinigende Kraft. Sehen Sie jede Träne als heilenden Regentropfen. Lassen Sie Ihre eigenen Tränen zu, wenn es Ihnen hilft.

3 Folgen Sie den Tropfen vom dunklen Inneren bis zum hellgrünen äußeren Ring, in den Bereich der Genesung. Vielleicht fühlen Sie sich dafür nicht bereit, aber zu gegebener Zeit werden Sie es sein.

4 Sehen Sie die Pflanzen, die aus der tränennassen Erde wachsen, die Triebe und die blühenden Blumen. Jetzt sind sie Weisheit, aber vielleicht schon bald die Neuwerdung.

> " *Das Leid verschwindet, wenn man loslässt, wenn man sich ergibt — selbst der Traurigkeit.* "

ANTOINE DE SAINT-EXUPÉRY (1900–1944)

LÄUTERUNG DER SEELE

„Ihr Gewässer, führet all das fort, was von Fehle an mir ist, sei es, dass ich treulos war, oder dass ich falsch geschworen habe!"

RIGVEDA (CA. 1700–1000 V. CHR.)

DIE TRAUER WIRD VERGEHEN

„Bald wird das Eis schmelzen, und die Amseln entlang des Flusses, wo er oft war, singen so schön wie immer."

HENRY DAVID THOREAU (1817–1862)

WASSER DER REINIGUNG

Wasser reinigt. Man sagt, Tautropfen und Quellwasser seien am reins-
ten – aber auch der Regen. Die wichtigsten Eigenschaften des Wassers
sind seine Klarheit (kein Trug, keine trüben Gefühle), und seine Kraft,
Makel reinzuwaschen und Hindernisse wegzuspülen. Die heiligen
Brunnen der Kelten verstärken die geheimnisvolle Kraft des Wassers.
Sie sind rund, wie ein Mandala, und erinnern an die Ewigkeit: Stellen
Sie sich auch das Mandala von Seite 130 vor, wenn Sie möchten. Mit
Wasser verbindet man auch Fruchtbarkeit und Fließkraft. Fragen Sie
sich in schweren Zeiten, was Ihnen das Wasser geben kann, damit Sie
unbeschadet aus der Sturmflut hervorgehen.

SONNENENERGIE

24

WENN WIR UNS IN SCHWEREN ZEITEN KRAFTLOS FÜHLEN, KÖNNEN WIR AUS DEN

NATÜRLICHEN ENERGIEN IN, UND UM UNS SCHÖPFEN. IN DIESEM MANDALA BESCHEN-

KEN UNS DAS FEUER DER SONNE, DAS LICHT VON MOND UND STERNEN UND DER PULS

DES UNIVERSUMS MIT ERNEUERBAREN ENERGIEN.

1 Betrachten Sie die Sonnenblume inmitten der Sonne, Symbole für pulsierendes Leben, Inspiration und Begeisterung. Die leuchtenden Farben heben Ihre Stimmung und geben Kraft.

2 Achten Sie auf die vier Mondphasen um die Sonne. Sie erinnern daran, dass alles Phasen und Zeiten unterworfen ist. Seien Sie gewiss, dass die Dunkelheit dem Licht weicht, wie auch alte Energien neuen Ideen weichen.

3 Nehmen Sie nun auch das Yin-Yang-Symbol wahr, das Tag und Nacht enthält. Erkennen Sie den Wert beider Aspekte und wie jeder im anderen ruht. Lassen Sie die Sterne Ihren Weg aus der Dunkelheit beleuchten. Lassen Sie Ihre Sorgen wie Wolken vorbeiziehen.

4 Sehen Sie das ganze Mandala. Die Kraft der Sonne und ihrer Umgebung weckt Ihre Lebensgeister und versorgt Sie mit Energie.

"Die Kunst der Heilung kommt von der Natur und nicht vom Arzt. Darum muss der Arzt von der Natur ausgehen, mit wachem Geist."

PARACELSUS (1493–1541)

DAS ALLSEHENDE AUGE

BEI VIELEN PROBLEMEN IN UNSEREM LEBEN MÜSSEN WIR AUS UNSERER INNEREN QUELLE DER WEISHEIT SCHÖPFEN – NICHT ZULETZT, UM DEREN ERNST UND BEDEUTUNG ZU ERKENNEN. SCHÖPFEN SIE AUS IHREM WEISEN SELBST IN DER MITTE DIESES MANDALAS, UM PROBLEME LÖSEN ZU KÖNNEN.

1 Betrachten Sie die Pupille in der Mitte des Mandalas. Tauchen Sie in ihre Dunkelheit ein, an den ruhigen Ort, wo Ihre wahre Weisheit liegt.

2 Erblicken Sie nun das ganze Auge: Ihr weises Selbst blickt Ihnen voll Selbstvertrauen und Ruhe entgegen.

3 Sehen Sie die Augen aus dem alten Ägypten. Sie sind Schlüssel zu Ihrem tiefsten Wissen und Können, zu dem Sie in der Not Zugang haben. Stellen Sie sich vor, wie Sie Ihre inneren Tore der Wahrnehmung öffnen.

4 Wenden Sie sich den weisen Tieren zu. Ihre intuitive Weisheit lehrt Sie, wie die Eule aus vielen Blickwinkeln zu sehen, und stark und würdevoll wie ein Elefant zu werden.

Wir empfangen die Weisheit nicht. Wir müssen sie für uns selbst entdecken im Verlauf einer Reise, die niemand für uns unternehmen oder uns ersparen kann.

MARCEL PROUST (1871–1922)

SICHT UND EINSICHT

Das Auge ist ein Tor, durch das die Weisheit aus Beobachtung oder Büchern eintritt. Seine Pupille ist ein Brunnen, ein Mandala, von unermesslicher Tiefe. Die Symbole des Sehens reichen vom Auge des Horus (die Weisheit des falkenköpfigen Himmelsgottes der alten Ägypter) bis zum indischen Auge Vishnus, dessen Blinzeln das Ende eines Zeitalters markiert. Augen, die Fenster zur Seele, werden oft mit einem „dritten Auge" auf der Stirn dargestellt, das für Intuition und weise Wahrnehmung steht. Das Auge ist die Verbindung zum Ich, das die Welt beobachtet. Bei der Meditation richten wir dieses Auge nach innen und suchen in den Tiefen nach dem Schlüssel zum Ich.

SICHTWEISEN

„Wie kann man die göttliche Einheit sehen? … Wenn du willens bist, von ihr gelebt zu werden, wirst du sie in allem erkennen, selbst in den gewöhnlichsten Dingen.“

LAOTSE (CA. 604–531 V. CHR.)

GEISTESBLITZ

„Intuition ist das sofortige Erfassen des Ganzen.“

JOHANN KASPAR LAVATER (1741–1801)

FLUG DES PHÖNIX

26

UNSER KÖRPER HAT GROSSE REGENERATIONSKRAFT (DENKEN SIE NUR AN EINE SCHNITTWUNDE). DIE RUHE DER MEDITATION KANN UNS SELBST BEI SCHWEREN KRANKHEITEN UNTERSTÜTZEN, GENAUSO WIE BEI STRESS, APATHIE UND DEPRESSIONEN. WIR ERHEBEN UNS NEU, WIE DER PHÖNIX (SIEHE SEITE 142).

1 Betrachten Sie den hochfliegenden Phönix, Symbol Ihres unbezwingbaren Geistes. Er segnet Sie mit fedrigen Schwingen, die Ihren Körper mit sanfter, heilender Magie berühren.

2 Blicken Sie nun auf den Apfel, ein Zeichen für Ihr Vertrauen in die Natur, und auf die Früchte, die Ihren idealen Plan für mehr Gesundheit verkörpern.

3 Suchen Sie nun die weiße Taube, die für alles steht, was Sie beflügelt – Vertrauen in die Natur, Hoffnung für die Zukunft, Glauben an die Seele.

4 Meditieren Sie nun über dem Dreieck mit dem Punkt in der Mitte – dem Elementarfeuer. Hier verbrennen Sorgen und Krankheiten, Sie werden frei. Legen Sie Ihre Ängste ab, meditieren Sie über dem Zentrum Ihres unverwundbaren wahren Selbst.

" *Wer singt,*
verscheucht seine Leiden. **"**

MIGUEL DE CERVANTES (1547–1616)

DER FEUERVOGEL

Der Phönix verkörpert Erneuerung. Gemäß einer Sage aus Heliopolis, dem Zentrum der Sonnenverehrung im alten Ägypten, war der Phönix ein Vogel, der über 500 Jahre alt wurde. Es gab immer nur einen. War sein Ende nah, sah der Phönix zur aufgehenden Sonne, baute sich ein Nest aus duftenden Zweigen und sang so zauberhaft, dass sogar der Sonnengott auf seiner Reise innehielt. Als ein Sonnenfunken sein Nest entzündete, starb der Phönix im Feuer und wurde neu geboren. Dann flog er zum Sonnengott und brachte ihm die Asche als Opfergabe. Der Phönix steht auch für die Wiedergeburt Christi und für den erwachenden Glauben spiritueller Neulinge.

KOSTBARER BRENNSTOFF

„Brennendes Feuer ist lebensspendendes Feuer, und manchmal ist der beste Brennstoff etwas Kostbares."

GIUSEPPE MARASPINI (1845–1910)

VERSPRECHEN DER ERNEUERUNG

„Denn wie der Mensch in einem Leib Kindheit, Jugend und Alter erlebt, so erhält er im Moment seines Todes einen neuen Leib."

BHAGAVADGITA (1. ODER 2. JHDT. V. CHR.)

MÄCHTIGER DRACHE

27

DER DRACHE VERKÖRPERT DIE LEIDENSCHAFT IN IHNEN. ER SCHÜTZT SIE VOR GEFAHR UND BEWACHT DEN VERBORGENEN SCHATZ IHRES INNEREN WESENS. WENN SIE SICH ÄNGSTLICH ODER BEDROHT FÜHLEN, RUFEN SIE MIT DIESEM MANDALA IHREN INNEREN HÜTER UM MUT UND SCHUTZ AN.

1 Meditieren Sie über der Spirale in der Mitte, einem Symbol für Ihre Lebensenergie. Sie liegt in einem schützenden Ei. Spüren Sie, wie die Schale Ihre endlosen Energiereserven nährt und schützt.

2 Erschließen Sie sich nun die Kraft des Drachen, die Sie formt und beschützt. Das ist die Stärke, die Sie bei Belastung aus Ihren Energiereserven hervorholen.

3 Der Drache bildet einen Kreis, mit seinem Schwanz im Maul – das Zeichen des unteilbaren Geistes. Es gibt Ihnen alle Kraft, um Sie selbst zu sein und sich zu beschützen – mit genug Kraft ist beides dasselbe.

4 Blicken Sie über die Raute aus schützenden Flammen auf die geöffneten Muscheln mit Perlen. Dank der Macht des Drachen fühlen Sie sich sicher genug, sich anderen zu öffnen.

> *Um einen undurchdringlichen Schild zu haben, stehe in dir selbst.*
>
> **HENRY DAVID THOREAU (1817–1862)**

WELT OHNE ENDE

„Ich bin das Alpha und das Omega, der Anfang und
das Ende … der ist und der war
und der kommt …"

OFFENBARUNG (1,8)

ENDLOSE ERNEUERUNG

„Es endet noch und beginnt bereits."

WILLIAM COWPER (1731–1800)

DER KREIS DER ERNEUERUNG

Der Uroboros ist eine Schlange (oder ein Drache), die einen Kreis bildet, indem sie sich in den Schwanz beißt. Das Tier ist ein wesentlicher Bestandteil vieler Schöpfungsmythen, in denen es die Welt in einer schützenden Umarmung umschlingt. Es verkörpert die Ur-Einheit, Autarkie und die Kreisläufe der Natur – davon am deutlichsten die regenerierende Kraft der aus Zerstörung entstehenden Schöpfung. Der Uroboros verkörpert einen Prozess der Erneuerung: Alpha und Omega, Anfang und Ende. Alles Bekannte und Unbekannte liegt innerhalb seines Umkreises. In manchen Darstellungen symbolisiert das Ei zwischen seinen Klauen den Stein der Weisen, die Quelle allen Wissens.

DAS GOLDENE KREUZ

NUR WENIGE SIND SICH IHRER EIGENEN STÄRKE BEWUSST. ABER OFT ZEIGT SIE SICH

UNERWARTET IN DER NOT. IN DIESEM MANDALA – EINEM WEITEREN ZUGANG ZU INNEREN

RESSOURCEN – SCHÖPFEN WIR KRAFT AUS DEM KREUZ, DAS IN VERBINDUNG MIT DER

ROSE EIN SYMBOL MÄCHTIGER HEILKRAFT BILDET.

1 Blicken Sie auf die Rose in der Mitte des Mandalas. Erkennen Sie ihre Schönheit. Das ist Ihre innere Stärke – zart, aber mächtig. Entfalten Sie die Kraft Ihrer inneren Rose.

2 Betrachten Sie das Kreuz, in dem sich Geist und Materie begegnen. Sie schöpfen Ihre Stärke aus seinem Verbindungspunkt. Sehen Sie sich fest verankert in der Mitte stehen, gestärkt durch den unzerstörbaren Geist.

3 Wenden Sie sich nun den Strahlen zu, die aus dem Kreuz hervorschießen. Sie sind Ihr inneres Sternenlicht, die einzigartige Bestimmung, die Ihr Leben erhellt – ein Leuchten, das Ihrem Erdendasein Bedeutung verleiht.

4 Sehen Sie die kleinen Rosen entlang des äußeren Kreises. Stärke muss man fühlen, nicht demonstrieren: Zeigen Sie stattdessen Ihre sanfte Seite, auch in schweren Zeiten.

> *Erst in sich selbst*
> *ist man wahrhaft reich und mächtig.*

HENRY WARD BEECHER (1813–1887)

EIN UNIVERSELLES SYMBOL

Das Kreuz ist eines der ältesten und bekanntesten Symbole. Es hat viele Bedeutungen und ist darum ein vielseitiges Meditationsobjekt. In erster Linie steht es für den Schnittpunkt zwischen Erdenleben und Geist – eine vereinfachte Darstellung des Baums des Lebens. Das Kreuz kann aber auch die vier Himmelsrichtungen und die vier Jahreszeiten symbolisieren – die Kräfte der Natur. Das Ankh der alten Ägypter (ein Kreuz mit einer Schlinge anstelle der obersten Linie) und das keltische Kreuz mit einem Kreis um die Mitte werden beide mit ewigem Leben und (wie auch das christliche Kreuz) dem Sieg über Tod und Leiden sowie der Beständigkeit des Geistes assoziiert.

GEISTIGE AUSRICHTUNG

„Wie sich die Nadel Richtung Norden wendet, so wende ich mich dem Geiste zu, und meine fleischliche Hülle weiß, wo die Wahrheit liegt.“

JULIANA PEREIRA (1895–1976)

DAS KREUZ MIT DER GEGENWART

„Nehmt das Kreuz der Gegenwart an, das ewige Jetzt, in dem Illusionen in einem großzügigen Feuer umkommen.“

KOSTAS LASKARI (1910–2001)

DAS MAUL DES LÖWEN

IN DER KÖNIGLICHEN LÖWENJAGD DES ALTERTUMS, WEIT VERBREITET IN WESTASIEN,

GEWÄHRTE DAS TÖTEN DES GOTTÄHNLICHEN SONNENLÖWEN EIN VERLÄNGERTES

LEBEN. MANCHMAL MÜSSEN WIR OFFENSICHTLICHE STÄRKEN IN UNS UNTERDRÜCKEN,

UM IN SCHWEREN ZEITEN TIEFERE KRAFT ZU FINDEN.

1 Seien Sie tapfer und blicken Sie in das Maul des Löwen. Das ist das Andere, aber auch ein Teil von uns selbst – unser animalisches Wesen, der Ursprung unserer Instinkte.

2 Betrachten Sie die Zähne des Löwen – Sie haben Waffen, falls Sie welche brauchen. Sie besitzen aber auch Liebe, Weisheit und Glauben, die wahrscheinlich wirkungsvoller sind.

3 Sehen Sie den Löwenkopf an. Ein Löwe kann laut brüllen, aber die Weisheit unserer inneren Stille bringt uns weiter als eine Drohgebärde oder ein Schrei nach Aufmerksamkeit.

4 Wenden Sie sich nun den Zinnen rund um den Löwenkopf zu: Sie schützen die Festung Ihrer Seele vor Leid. Auf der Welt haben Sie genauso viel Präsenz wie der Löwe, aber eine edlere Bestimmung.

"Tapferkeit ist Festigkeit, nicht der Arme und Beine, aber von Mut und Seele.

MICHEL DE MONTAIGNE (1533–1592)

LOTUSERNTE

DER LOTUS STEHT FÜR REINHEIT UND ERLEUCHTUNG UND FÜR DIE KRAFT DES SELBST,

DEM KÖRPER – DEM SCHLAMM AM GRUND DES SEES – ZU ENTWACHSEN UND IN GEIS-

TIGER SCHÖNHEIT ZU ERBLÜHEN. DER SCHLAMM ERINNERT AN DIE VERGÄNGLICHKEIT,

ABER IN WEISHEIT NEHMEN WIR SIE FREUDIG AN.

1 Beginnen Sie beim Lotus in der Mitte des Mandalas. Auch wenn er aus dem Schlamm erwuchs, hat er seine Schönheit geöffnet. Diese Schönheit entstammt dem Zentrum des Selbst.

2 Wenden Sie sich nun dem blau glitzernden See zu. In ihm kann man baden und im Bewusstsein seiner geistigen Reife zur Ruhe kommen. Spüren Sie, wie Sie das kühle Wasser erfrischt.

3 Blicken Sie auf die sechs Lotusblüten um die mittlere Blume. Lassen Sie die sieben Blüten in Ihr Bewusstsein sinken und entspannen Sie in angenehmen Gedanken. Die Zeit vergeht, aber in jedem Moment kann man Zufriedenheit finden.

4 Blicken Sie zuletzt auf die Ähren in den Ecken des Quadrats. Sie verkörpern das wachsende Selbst. Tauchen Sie in den Frieden dieser spirituellen Ernte ein.

„Gesammelt ist der Herbstschatz und gesichert …
wo er dem Sturm des nahen Winters trotzt.“

JAMES THOMSON (1700–1748)

DIE NATUR UND DIE SEELE

Wenn man von Heilung für Geist und Seele spricht, ist das mehr als metaphorisch gemeint. Nicht nur unser Körper kann krank werden, sondern auch unser inneres Selbst und unsere Beziehungen zu anderen, zum Kosmos und zum Einen. Die Natur bietet uns die Mittel, mit denen wir diese unsichtbaren Brüche und Ungleichgewichte heilen können. So wie Kräuter dem Körper helfen, können die Bilder der Natur von innen heraus mentale und geistige Probleme sanft bearbeiten. Das ist die unauffälligste Art der Heilung: Wir nehmen ein Blumenmandala oder eine echte Blume in unser Bewusstsein auf und geben uns der besten Medizin des Universums hin.

KLARE TIEFEN

*„Lass einfach immer los
und mach dein Herz leer und offen.
Sei wie ein ruhiges Gewässer,
wie die Klarheit eines Spiegels."*

TA-HUI (1088–1163)

WURZEL UND BLÜTE

*„Mein Geist ist eine Blume,
Meditation meine Wurzeln."*

AHMET NEDIM (1681–1730)

BÜCHER ZUM THEMA

Bell, B. and Todd, D. *GaiaStar Mandalas: Ecstatic Visions of the Living Earth* Pomegranate Communications, Petaluna (USA), 2002

Brennan, B. and Smith, A. *Hands of Light: A Guide to Healing Through the Human Energy Field* Bantam Books Ltd, New York, 1990

Chaitow, L. *Conquer Pain the Natural Way* Duncan Baird Publishers, London, 2007

Brownstein, A. *Extraordinary Healing: The Amazing Power of Your Body's Secret Healing System* Harbor Press Inc., Gig Harbor (USA), 2005

Cole, J. *Ceremonies of the Seasons* Duncan Baird Publishers, London and New York, 2007

Cornell, J. *Mandala: Luminous Symbols for Healing* Quest Books, Wheaton (USA), 2006

Cornell, J. *The Mandala Healing Kit* Sounds True Audio, Louisville (USA), 2006

Cunningham, B. *Mandala: Journey to the Centre* Dorling Kindersley Publishing, New York, 2003

Dahlke, R. *Mandalas der Welt: Ein Meditations- und Malbuch* Hugendubel, München, 1985

Dahlke, R. *Arbeitsbuch zur Mandala-Therapie* Hugendubel, München, 1999

Mind, Body and Spirit Companion: Exercises and Meditations to Free Your Spirit and Fulfil Your Dreams Duncan Baird Publishers, London, and One Spirit, New York, 2006

Emoto, M. *The True Power of Water: Healing and Discovering Ourselves* Atria Books, New York, 2005

Fontana, D. *Geheimnisvolle Welt der Symbole* Gerstenberg Verlag, Hildesheim, 2010

Fontana, D. *Mandalas: Meditation und Inspiration* Hugendubel, Kreuzlingen/München, 2005

Fontana, D. *Learn to Meditate* Duncan Baird Publishers, London, and Chronicle Books, San Francisco, 1999

Hay, L. *Gesundheit für Körper und Seele* Ullstein, Berlin, 2005

Hinz, Drs M. & J. *Learn to Balance Your Life* Duncan Baird Publishers, London, 2004

Huyser, A. *Das Mandala-Arbeitsbuch* Goldmann, München, 1996

Levine, P. *Trauma-Heilung: Das Erwachen des Tigers. Unsere Fähigkeit, traumatische Erfahrungen zu transformieren* Synthesis, Essen, 1998

McLeod, J. *Colours of the Soul: Transform Your Life Through Colour Therapy* O Books, Berkeley (USA), 2006

Parlett, S. *Heilkraft und Magie der Edelsteine: Gesund und ausgeglichen durch Meditation mit Kristallen* Taschen, Köln, 2005

Rose, E. M. & Dalto, A. R. *Mandalas aus Sand: Meditieren und innere Ruhe erfahren* Hugendubel, Kreuzlingen/München, 2004

Selby, A. *The Chakra Energy Plan* Duncan Baird Publishers, London and New York, 2006

Tenzin-Dolma, L. *Natur-Mandalas: Bilder und Texte zur Meditation* Rheda-Wiedenbrück, Gütersloh, 2007

Tucci, G. *Geheimnis des Mandala: Der asiatische Weg zur Meditation* ECON-Taschenbuch-Verlag, Düsseldorf, 1995

Virtue, D. *Chakra Clearing: Die Reinigung der sieben Energiezentren* (Buch und CD) Allegria, Berlin, 2007

REGISTER

Zur besseren Übersicht gibt es zwei Register: Im ersten finden Sie die im Buch behandelten
Themen und Motive; das zweite ist eine Liste der verwendeten Symbole.

LISTE DER SYMBOLE

DANKSAGUNG

Der Verlag bedankt sich bei folgenden Personen, Museen und Bildarchiven für die Erlaubnis, ihr Material verwenden zu dürfen. Urheberrechtsinhaber wurden mit größter Sorgfalt ermittelt. Falls wir jemanden vergessen haben sollten, bitten wir um Entschuldigung. Wir werden Fehler in zukünftigen Ausgaben berichtigen, sofern wir Kenntnis erhalten. **BILDNACHWEIS: Seite 8** Corbis/Zefa/Matthias Kulka; **15** NASA; **18** Corbis/George H.H. Huey; **23** Corbis/Alen MacWeeney;

37 Getty Images/National Geographic/Darlyne A. Murawski; **47** Corbis/Jeremy Horner. **TEXTNACHWEIS: Seite 5** Aus *Memories, Dreams and Reflections* von C. G. Jung, Aniela Jaffe (Hrsg.), Übersetzung: Richard und Clara Winston, © 1961, 1962, 1963, erneuert 1989, 1990, 1991. Mit Genehmigung von Pantheon Books, ein Imprint von Random House, Inc., und mit Genehmigung von HarperCollins Publishers Ltd., © C. G. Jung (1961); **Seite 61** Nachdruck mit Genehmigung der Herausgeber

und Treuhänder des Amherst College aus *The Poems of Emily Dickinson: Reading Edition*, Ralph W. Franklin (Hrsg.), F1686. Cambridge, Mass.: Belknap Press of Harvard University Press, © 1998, 1999 Harvard Corporation. © 1951, 1955, 1979, 1983 Harvard Corporation; **Seite 113** Aus *Path to Enlightenment* von Dalai Lama, © 1997 Kyabje Tenzin Gyatso, mit Genehmigung der Wylie Agency.